CHRONIQUE

DE

L'ABBAYE

DE

NOTRE-DAME DE LONGUAY

(Diocèse de Langres)

PAR M. L'ABBÉ E. COLLOT

PRÉCEPTEUR A LONGUAY

PARIS
LIBRAIRIE FRANÇAISE
E. MAILLET, LIBRAIRE-ÉDITEUR
15, Rue Tronchet (près la Madeleine)

LANGRES
J. DALLET, LIBRAIRE
Place Chambeau

1868

CHRONIQUE

DE

L'ABBAYE

DE

NOTRE-DAME DE LONGUAY

MIRECOURT. — TYP. MODERNE COSTET & Cie.

CHRONIQUE
DE
L'ABBAYE
DE
NOTRE-DAME DE LONGUAY

(Diocèse de Langres)

PAR M. L'ABBÉ E. COLLOT

PRÉCEPTEUR A LONGUAY

PARIS

LIBRAIRIE FRANÇAISE

E. MAILLET, LIBRAIRE-ÉDITEUR

15, RUE TRONCHET (PRÈS LA MADELEINE)

—

1868

ÉVÊCHÉ DE LANGRES.

IMPRIMATUR.

Lingonis, die 6ª Augusti 1868.

† JOANNES, Episcopus Lingonensis.

AVANT-PROPOS

Puisque vous avez bien voulu, lecteur, ouvrir ce petit livre, je vous préviens que vous n'y devez pas chercher une histoire proprement dite : l'abbaye de Longuay n'a pas eu d'histoire. Humble et modeste fille de la grande Association cistercienne, dont saint Bernard fit de Clairvaux le centre réformateur, elle a accompli ses destinées dans l'obscurité et le silence, et dans la pratique quotidienne des devoirs de la charité chrétienne et de la vie cénobitique, et elle n'a pris aux grands mouvements sociaux aucune part active et directe qui doive l'imposer à la mémoire et à l'admiration de la postérité. Mon travail n'est donc qu'un simple récit, composé dans l'ordre chronologique d'après les titres anciens de l'Abbaye, à savoir le Cartulaire et les autres documents non insérés au Cartulaire, et faisant connaître l'époque de la fondation, les transformations diverses, les progrès et la fin du monastère.

Comme la suite des événements m'en faisait une loi, j'ai partagé le récit en trois périodes. La première, qui va de 1102 à 1149, est celle de la fondation de l'hôpital de Longuay (1102-1136), et de l'agrégation des hospitaliers à l'Ordre des Chanoines-Réguliers de saint Augustin (1136-1149). La deuxième période va de 1149 à 1532. C'est l'époque de l'introduction à Longuay de la règle de saint Bernard, et du plein épanouissement, dans notre abbaye, de l'Ordre cistercien. La troisième, qui est celle des abbés commendataires, comprend les années qui s'écoulèrent du mois de décembre 1532 au mois de mars 1790. Cette période, le digne prélude de la catastrophe suprême, fut un temps de souffrance pour l'Institut que saint Bernard, abbé de Clairvaux, avait régénéré au commencement du douzième siècle, et que la commende, malgré le mérite d'ailleurs incontestable de quelques abbés, blessa à mort, partout où elle envahit les maisons religieuses. Tels sont l'objet et la division de cette Chronique.

Quant au but que je me suis proposé en faisant revivre la mémoire d'un de ces asiles pieux, dont les événements politiques de la fin du dix-huitième siècle ont changé la destination primitive et dispersé les habitants, il a été d'offrir un témoignage de mon estime et de mon sincère attachement à la respectable et chrétienne famille avec laquelle j'ai vécu plusieurs années, dans le lieu même que les moines habitèrent pendant près de sept siècles, et où ils fondèrent des traditions de charité et de bienfaisance que le temps destructeur n'a point effacées. En même temps, heureux d'unir mes efforts à ceux que d'autres, plus autorisés que moi, je le confesse, font pour disputer à l'oubli les antiques souvenirs d'une des plus illustres églises des Gaules, de cette église de Langres, dont le vaste territoire était autrefois couvert de tant de maisons religieuses, et qui a été le berceau de tant de personnages célèbres par leurs vertus ou leurs talents, j'ai cherché à rendre plus intéressants et plus utiles les loisirs que la Providence a daigné me faire dans la paisible vallée de Longuay.

Quoi de plus intéressant, en effet, et à la fois de plus salutaire que d'évoquer les siècles passés et de consulter toutes ces générations enfouies dans la mort, sur la vanité des choses du temps et la vérité des seules choses éternelles? Pour moi, j'aime à contempler le champ du saint repos où les trépassés dorment à l'ombre du signe rédempteur; j'aime à écouter cette voix de tous les siècles qui redisent dans un concert unanime la puissance invincible et l'infinie miséricorde du Très-Haut. Parmi ces morts, il en est qui ont été grands et brillants sur la terre, d'autres qui n'ont eu pour partage que la faiblesse et l'obscurité. De tous que reste-t-il? Un pâle souvenir dans la mémoire des hommes, supposé même que leurs noms aient résisté à l'oubli. Tout n'est que vanité.

Cependant si la mort a jeté et confondu dans la même poussière tous ceux qui sont allés avant nous dans le monde d'outre-tombe, la Foi nous enseigne que leurs œuvres les ont suivis : ces œuvres sont écrites dans la mémoire de Dieu, et Dieu a été pour eux, comme il sera pour nous, un juge équitable. Protégés par cette croix qui les a sauvés et par cette divine religion qui a été leur mère, tous, à nos yeux, dorment le même sommeil. Car la mort a tiré sur l'abîme où elle les a précipités un rideau impénétrable à ceux qui survivent. Il n'est qu'un regard auquel elle ne cache pas ses mystères, le regard de ce Dieu devant qui sont prosternés les grands et les petits, et qui donne à chacun selon ses œuvres.

Nous aussi, hommes de ce siècle, nous passerons ! D'autres viendront après nous qui garderont peut-être notre souvenir... Quoi qu'il advienne, puissions-nous, instruits par ceux qui nous ont précédés dans la vie et dans la mort, laisser à ceux qui nous remplaceront des exemples de vertu et de sagesse véritable, et arriver les mains pleines de bonnes œuvres au tribunal suprême !

Telle est la nature des pensées qui m'occupaient l'esprit, tandis que, peu soucieux de la publicité et de ses gloires, je rassemblais les éléments de la Chronique que vous allez parcourir, et pour laquelle je vous prie de n'être pas un juge trop sévère.

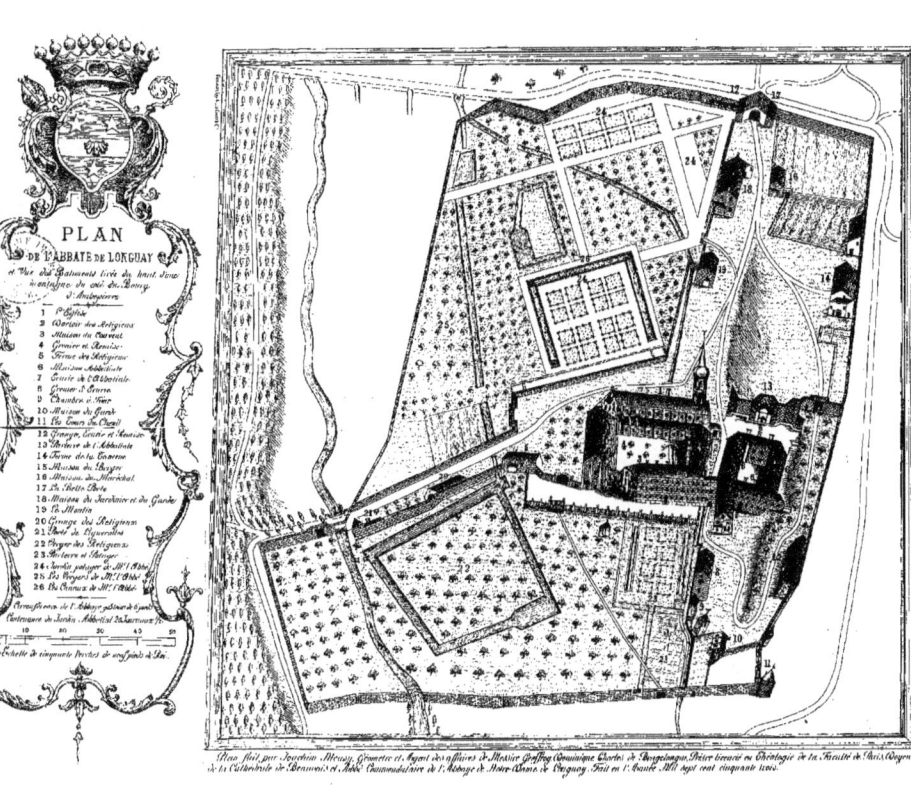

CHRONIQUE
DE
L'ABBAYE DE N.-D. DE LONGUAY

PREMIÈRE PÉRIODE
1102—1149

CHAPITRE PREMIER

Description et situation de Longuay. — Arrivée de Chrétien et de ses neveux. — Patrie de nos héros. — Consécration à la Sainte Vierge. — Le premier bienfaiteur de Longuay. — Donations diverses. — Une espérance naissante.

C'est une chose digne de remarque que le goût parfait avec lequel les religieux choisissaient en général les lieux où ils voulaient établir leurs pieuses colonies, ainsi que le courage qu'ils ont dû déployer en certains cas, pour triompher d'obstacles en présence desquels la civilisation, malgré les ressources dont elle dispose, reculerait, pensons-nous. Les Romains n'ont défriché du sol conquis sur les théâtres de leurs plaisirs. De notre temps encore, les nations civilisées font leur profit de l'antique travail des religieux, et dans les contrées où se trouvent d'immenses territoires à cultiver, elles ne s'écartent guère des rivages où elles ont établi leurs comptoirs. Et cependant on dit que le désir des richesses et l'amour du bien-être sont singulièrement aptes à développer l'énergie et l'activité des hommes ! Il faut donc reconnaître que la soif de l'or et des jouissances peut se heurter quelquefois contre des lois qui ne cèdent qu'en présence d'aspirations d'un ordre supérieur aux choses du temps. C'est ce qui est arrivé pour les Ordres religieux.

Les religieux, en effet, ne travaillaient pas pour le monde, et s'ils demandaient aux sillons qu'ils arrosaient de leurs sueurs la nourriture matérielle, ils y cherchaient avec une sainte avidité des fruits de vie éternelle. Sachant que leur but ici-bas est la prière et le travail, ils discernaient admirablement les situations propres à les aider, loin de la foule et du tumulte, à remplir ce double devoir. Voilà pourquoi des gorges profondes et qui semblaient à jamais inhabitables, des vallons couverts de marais, environnés de forêts épaisses et habitées par de féroces animaux, devinrent comme par enchantement de ravissants séjours. Les arbres tombèrent sous les coups répétés de la hache ; les rivières rentrèrent dans leurs lits ; les marais fétides se transformèrent en fertiles vergers, en prairies verdoyantes et en riches guérets. Du moins si partout les moines n'eurent pas à dompter les aspérités de la nature, partout ils recherchèrent la solitude et le silence. Partout encore il se trouva que la nature couronna de ses grâces des travaux entrepris dans une intention surnaturelle.

Quelque chose de semblable à ce que nous venons de décrire s'est passé pour l'abbaye qui va nous occuper, à savoir l'abbaye de Longuay, située au diocèse de Langres, près de la rivière d'Aube, sur le territoire de la commune d'Aubepierre (Alba-Petra), à 32 kilomètres S.-S.-O. de Chaumont-en-Bassigny, chef-lieu du département de la Haute-Marne.

Avant l'installation des pieux personnages qui vinrent, la seconde année du douzième siècle, se fixer au Long-Vé (Longum-Vadum), dans le but d'y accomplir les devoirs de la charité chrétienne envers les pauvres et les voyageurs, ce séjour était loin d'offrir les riants aspects qu'il présente aujourd'hui. Un vaste marais entretenu par l'Aube sans cesse hors de son lit, péniblement traversé à cet endroit guéable par une voie allant d'Arc à Châtillon-sur-Seine, entouré de collines noires et hautes, tel était Longuay. Aujourd'hui que les ouvriers de

Dieu ont passé par là, Longuay est placé au milieu d'un délicieux vallon, arrosé par l'Aube aux eaux transparentes. Les collines environnantes, en partie déboisées, prêtent leurs flancs à la charrue du laboureur, et ce qu'elles ont gardé de leur antique chevelure a pris, au lieu de la teinte sombre d'autrefois, une tendre verdure qui les rend gracieuses.

C'est là qu'arrivèrent, en 1102, trois pieux personnages, Chrétien et ses deux neveux, Guidon et Hugues, désireux de se sanctifier par la pratique des vertus évangéliques, et en particulier par l'accomplissement de la charité envers les pauvres et les voyageurs. Ce dernier point fut précisément le but de l'institut dont ils jetaient en ce moment les fondations.

D'où venaient ces trois serviteurs du Dieu des affligés et de ceux qui souffrent ? Quelle fut la patrie de ces héros de la charité ? Les données de l'histoire ne nous autorisent pas à répondre à ces questions d'une manière absolue et certaine. Toutefois, si les documents ne nous disent rien de précis à cet égard, nous croyons pouvoir conjecturer qu'ils étaient originaires des environs de Lugny, et de plus, propriétaires de biens considérables.

Une charte qui fut rédigée en faveur de l'église Saint-Étienne de Dijon, nous apprend, en effet, « que Chrétien, prieur de Longuay; Étienne, son frère ; Hugues et Gui, chanoines, et autres Frères du même lieu, tant clercs que laïques, donnèrent et concédèrent pour toujours à l'église Saint-Étienne de Dijon, entre les mains de Hébert, abbé de Saint-Étienne, un lieu appelé *Lovineius*, » lequel n'est autre que Lugny, où fut, dans la suite, établi un monastère de chartreux. Quant à Gui, ou Guidon, le propre neveu de Chrétien, comme plusieurs chartes en font foi, il était probablement clerc de l'église Saint-Étienne [1].

Or, bien que la rédaction de l'acte authentique de cette donation soit de plusieurs années postérieure à la donation elle-même, c'est-à-dire qu'elle se rapporte à l'époque où nos pieux solitaires étaient devenus Chanoines-Réguliers, à l'an 1136 au plus tôt, il nous semble probable que cette donation fut en réalité faite dès le temps où Chrétien et ses neveux quittèrent, pour se retirer dans la solitude, leur pays natal, Lugny, ou plutôt les environs, où ils possédaient « des prés, des terres cultivées, des terres incultes. » Ayant résolu de pratiquer les conseils évangéliques, Chrétien et ses compagnons, plus soucieux des intérêts de la vie éternelle que des biens de ce monde, « donnèrent leurs biens aux pauvres, » avant de marcher sur les

1. Cartulaire de Saint-Etienne de Dijon, 2º partie, fol. 57; voir à l'appendice, nº 1.

pas de leur Dieu, afin de rendre plus parfait encore leur complet abandon à la Providence. Plus tard, Eudes de Grancé ayant essayé de troubler la tranquille possession des religieux de Saint-Etienne, on procéda à la rédaction du titre que signèrent de nombreux témoins.

Mais quelle était la provenance de ce bien ? C'était sans doute une terre patrimoniale, et qui nous indiquerait suffisamment l'origine des donateurs eux-mêmes. Si les biens que Chrétien et ses neveux donnèrent à Saint-Étienne n'eussent pas été un héritage de famille, mais fussent venus entre les mains de nos solitaires par le fait de quelque pieuse donation, outre que les titres s'en taisent, nous devons croire que Chrétien n'aurait pas voulu, une fois installé à Longuay, s'en déposséder au préjudice de sa maison naissante. N'aurait-il pas fait de préférence quelque échange facilitant, par exemple, une convenance pour le monastère de Longuay, comme cela s'est pratiqué maintes fois dans la suite des temps ?[1] Alors on dressait un acte authentique de l'échange, et cet acte restait aux archives de la maison. Or, il n'est fait, dans les anciennes chartes de notre abbaye, aucune mention d'échange de cette sorte pour le bien de Lugny. Tels sont les motifs

1. Cartulaire de l'église de Langres ; Spicilége, tome IV, pages 264 et 265.

qui nous portent à croire que Chrétien et ses neveux venaient des environs de Lugny.

Cependant, et nous nous hâtons de le dire, il importe médiocrement à la gloire de ces héroïques soldats de la charité que nous sachions quel lieu reçut leurs berceaux : ce dont nous ne pouvons douter, et qui nous suffit, c'est qu'ils furent les fondateurs de notre abbaye, et que les premiers ils entonnèrent dans notre cher vallon, en l'honneur de Dieu, l'hymne de louange dont tant de siècles, après eux, rediront les accents.

Une tradition respectable nous apprend que les fondateurs de Longuay construisirent leur première et modeste habitation au pied de la colline sur laquelle se trouve la forêt dite des Trois-Cents-Arpents. Non loin de l'endroit où se trouve présentement la Belle-Porte, on a découvert des pans de murailles profondément enfouis : ces débris, dissimulés depuis plusieurs siècles, ont été regardés comme des restes de la construction primitive, et ont fait présumer que nos trois pieux personnages avaient fixé là leur séjour en arrivant à Longuay.

Chrétien et ses neveux commencèrent par consacrer au Seigneur et à la bienheureuse Vierge Marie cet endroit qui, dès lors, fut appelé d'un nom chéri qu'il gardera toujours : Notre-Dame de Longuay. L'invocation de Marie en des heures aussi

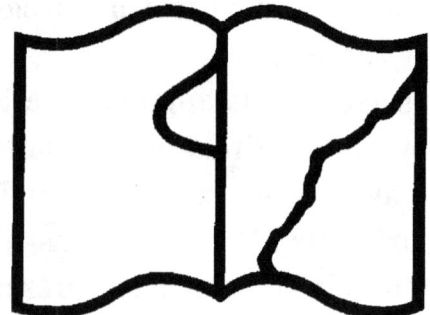

Texte détérioré — reliure défectueuse
NF Z 43-120-11

solennelles que celle de la fondation d'une maison religieuse, est, dans l'histoire des Ordres, un fait très-fréquent, pour ne pas dire permanent. Nous ne devions pas omettre de le rapporter. Un tel fait montre clairement quelle est l'erreur de ceux qui regardent comme une nouveauté, le culte que l'Église rend si complaisamment à la Sainte Vierge. Il montre aussi quelle confiance les pieux fidèles ont toujours eue en la protectrice puissante que le Christ mourant nous a donnée pour mère. Ayant donc imploré l'assistance de Dieu et les suffrages de Marie, Chrétien et ses compagnons commencèrent leurs exercices de charité.

C'était une route difficile celle qui, en ces temps-là, conduisait de Langres à Sens en passant par Arc, et ensuite par le Long-Vé! Allant toujours par monts et par vaux, au milieu de forêts profondes ou de gorges sauvages, le voyageur se fatiguait, s'exténuait. La bise est bien froide ; la pluie a trempé tes vêtements ; tes jambes commencent à fléchir sous le poids de la route... Courage, pauvre voyageur ! des hauteurs de la Champagne, d'où tu n'apercevais dans le lointain que de nouvelles difficultés à vaincre, regarde à tes pieds : il y a au fond de cette vallée des frères que le ciel y a mis pour t'attendre, pour te donner un abri, et qui prendront soin de toi.

Qui dira les prodiges de vertu opérés dans ce désert de Longuay ; les actes de charité accomplis au sein de la solitude et du silence ! que d'œuvres pieuses, qui n'ont eu pour témoins que Dieu et les anges, et aussi les voyageurs et les malades qui en ont été les objets, et qui ont peut-être gardé de cet asile béni un souvenir reconnaissant ! Les hommes, qui ne le sait ? peuvent oublier les bienfaits qu'ils ont reçus ; mais Dieu n'oublie rien. Dans sa justice, le Seigneur a tenu aux fondateurs de Longuay un compte exact de tous les sacrifices qu'ils ont faits, de toutes les privations qu'ils se sont imposées ; il a accordé une magnifique récompense aux vaillants et modestes héros de la charité. Car il promet l'éternelle félicité à ceux que le dévouement à leurs frères malheureux a chrétiennement soumis aux rigueurs de la pauvreté.

Cependant une maison religieuse ne pouvait se constituer à l'insu de l'autorité ecclésiastique. L'évêque d'un diocèse est le représentant du Chef de l'Église universelle, lui-même représentant de Jésus-Christ. Or, le Christ est avec son Église ; il n'est qu'avec elle, et il a dit : sans moi vous ne pouvez rien faire d'utile dans l'ordre du salut. Et encore : celui qui ne recueille pas avec moi, disperse. Chrétien n'ignorait pas ces choses : c'est

1.

pourquoi il s'empressa d'informer l'évêque de Langres de son pieux dessein.

En 1102, pendant que Philippe Ier était assis sur le trône de France, donnant à son pays un scandale qui lui attira la terrible peine de l'excommunication, un pieux prélat de la famille du roi, Robert Ier de Bourgogne, occupait l'illustre siége épiscopal de Langres. Robert, qui brûlait de zèle pour la gloire de Dieu et le salut de ses frères, accueillit avec une paternelle tendresse, nous ne tarderons guère à le voir, les pieux cénobites de Longuay.

Toutefois rien n'a pu nous apprendre quels statuts ou quel règlement Robert imposa à l'ordre naissant. Quelques-uns ont pensé, mais sans raison, qu'il le soumit, dès cet instant, à la règle de saint Augustin, à l'imitation de ce qu'il avait récemment fait pour le prieuré de Val-Sauveur. Une lettre, que nous invoquerons plus loin, d'un successeur de l'évêque Robert, constate que les habitants de Longuay ont demandé à l'évêque de Langres, à celui-là même qui a écrit la lettre, à savoir, Willenc d'Aigremont, l'autorisation de vivre selon la règle de saint Augustin, et que c'est ce prélat qui leur a accordé l'autorisation qu'ils avaient sollicitée. Or, la lettre dont nous parlons n'a pas été écrite avant l'année 1136, et Robert de

Bourgogne est mort en 1110. Quoi qu'il en soit d'ailleurs, avant la mort de ce prélat, c'est-à-dire avant l'année 1110, notre maison était constituée régulièrement, et comptait déjà un certain nombre de Frères, tant clercs que laïques, avant l'introduction de la règle de saint Augustin.

Quelles furent en ce temps-là les ressources des hospitaliers de Longuay ? Nous allons voir que la charité publique ne tarda pas à faire écho au dévouement de Chrétien et de ses compagnons, et que, peu après l'installation de nos pieux héros, les riches personnages d'alors les comblèrent des dons de leur religieuse libéralité. Nous pouvons donc croire que dès le principe leurs ressources se trouvèrent à la hauteur des exigences de l'entretien personnel, et de la bonne tenue de l'hôpital, Xenodochium, qu'ils avaient fondé. Avouons cependant que les termes vagues dans lesquels sont rapportées les donations qui furent faites, à cette époque reculée, au monastère de Longuay, ne nous permettent guère d'apprécier exactement la valeur de ces donations. On se convaincra de la justesse de cette observation en parcourant les textes que nous allons reproduire.

Le premier bienfaiteur de notre abbaye fut l'évêque de Langres lui-même, Robert de Bourgogne, qui fit à nos religieux don de l'endroit où ils s'étaient fixés, et qui, par une charte munie de son sceau, confirma les donations faites par quelques autres personnages. Ces circonstances nous ont été révélées par les chartes de deux évêques, successeurs de Robert, Willenc et Godefroi, qui écrivirent, le premier, en 1136, le second, en 1153 [1].

« Au nom de sainte et individuelle Trinité, moi Willenc, Évêque de Langres. Attendu que le temps efface ordinairement et à la longue le souvenir des œuvres des hommes, nous croyons devoir rapporter par écrit, et nous confirmons par l'autorité de notre sceau toutes les donations que nos prédécesseurs, ou d'autres fidèles, qui ont vécu du temps de nos prédécesseurs, ou qui vivent encore aujourd'hui, ont faites à l'église de Longuay. Nous avons eu soin de recueillir quelques noms propres, en tête desquels nous placerons celui de notre prédécesseur Robert, qui a donné tout ce qu'il possédait en propre au lieu dit Longuay, et qui a confirmé et déclaré devoir être possédé à tout jamais, ce que d'autres hommes ont donné aux Frères qui y servent Dieu, et à leurs successeurs. »

« Que l'on sache encore (c'est toujours l'évêque Willenc qui parle), que le seigneur Robert, de bonne mémoire, évêque de Langres, a donné à

---

1. Cartulaire de Longuay, fol. 87, 88, 90, 91.

Dieu et aux Frères de Longuay la moitié de la terre que Théobald, homme de Saint-Mammès, possédait à Aubepierre, et a accordé auxdits Frères la permission de posséder l'autre moitié, s'ils peuvent l'acquérir justement : ce que Robert a confirmé par l'impression de son sceau. »

Une charte de Godefroi, évêque de Langres, rappelle encore le nom de Robert en ces termes : « que l'on sache que moi Robert, appelé évêque de Langres, j'ai accordé ce qui est ci-dessous indiqué, aux Frères qui habitent présentement, ou qui habiteront à l'avenir Longuay, tant ce qui était mon bien propre, que ce que d'autres ont libéralement donné auxdits Frères. Qu'ils possèdent donc sans crainte tout ce que nous leur avons donné et que nous possédions, d'autres et moi, en ce lieu. »

Continuons à parcourir la liste des bienfaiteurs de notre abbaye :

« De même le chevalier Itérus a donné de son plein gré aux mêmes Frères la propriété de tout ce qui leur a été nécessaire sur cette terre qu'il y possédait, et qui consistait en prés, eaux, bois, plaines ; tout ce qu'ils y ont fait, bâti ou labouré. Sa femme Adeline et son fils Névole ont approuvé cette concession. Témoins : Hariode ; Gui, fils de Brice, et Herbert, fils de Gislebert. »

« De même le seigneur Geofroi de Chaumont et

sa femme ont donné et concédé aux mêmes Frères, pour être possédés toujours, les prés qu'ils tenaient de lui Geofroi, moyennant un cens ; tout ce qu'ils ont cultivé ou nivelé, et tout ce qui leur aura été nécessaire sur le finage d'Aubepierre en fait de champs, de bois, de prés et d'eaux. Ils ont en outre dégrevé de tout cens les concessions faites à ladite église. Témoins : Albéric, prêtre ; Jocelin et Josbert ; Théobald, maire. »

« De même Aymon, fils du vicomte Evrault, avec l'agrément de sa femme Huldéarde, de son fils Geofroi et de sa fille Lancenne, a donné à Sainte-Marie et aux Frères de Longuay et à leurs successeurs, tout ce qu'ils ont cultivé et nivelé sur le finage d'Aubepierre, et tout ce qui leur est nécessaire en fait de prés, d'eaux, de bois, de champs et de maisons. Témoins : Constant et Riard, son fermier ; Josbert, prêtre. »

« De même Raynald, fils du seigneur Hildier ; Hugues Siméon et Raynald, son frère ; Hugues de Chameroy, ont donné aux Frères de Longuay et à leurs successeurs, la terre de Saint-Amàtre, et tout ce qu'ils avaient à Longuay. Témoins : Lambert, élu de Langres ; Gui de Vignory et Josbert-le-Roux. »

« De même Ferri, chevalier de Châtillon, avec l'assentiment de sa femme Galienne et de son frère

Eudes, a donné en notre présence à Dieu, aux Frères de Longuay et à leurs successeurs, tout ce qu'ils ont cultivé, nivelé et bâti au finage d'Aubepierre, et tout ce qui leur sera nécessaire en forêts, plaines, prés et eaux. Témoins : Ayrald, archidiacre de Langres ; Clément, chapelain de l'évêque ; Ténien, doyen ; Jérémie, chevalier. »

« De même Raynier de la Roche a donné, pour les âmes de ses frères Gautier et Nivard, à Dieu, à Sainte-Marie de Longuay et aux Frères qui y servent le Seigneur, tout l'alleu que lui et ses frères possédaient par droit héréditaire à Aubepierre, consistant en champs et bois, en prés et eaux. Il a donné aussi, et sans aucune restriction, tous les revenus coutumiers que les mêmes possédaient à Aubepierre, sur la ville et sur ses dépendances. Témoins : Bernard, abbé de Clairvaux, par la main duquel ce don a été fait ; Gérard, son frère ; Raynier de Châtillon, et dom Mathieu. »

« De même Raynier de Châtillon, avec l'agrément et le consentement de ses fils Guillaume, Simon et Aganon, de Raynier de Marac, son neveu et successeur, a donné à Dieu et aux Frères de Sainte-Marie de Longnay, et à leurs successeurs, tout ce qu'ils ont cultivé, nivelé et bâti, et tout ce qui leur est nécessaire en champs, en eaux, en prés et en forêts, dans toute l'étendue du finage d'Aubepierre ; et cette donation est tellement absolue, que les Frères ne doivent payer aux bienfaiteurs et à leurs successeurs aucun des revenus coutumiers. Témoins : Raynald, prélat de la Maison-Dieu de Châtillon ; Henri, prévôt d'Arc, et Brice, son frère. »

« De même Évrard, fils de Gauthier, et Hugues, son frère, ont donné à Dieu et aux Frères de Longuay et à leurs successeurs, tout ce qu'ils possédaient à Aubepierre et dans le finage de la même ville. Témoins : Gui, prêtre à Aubepierre ; Girard de Bar-sur-Aube, et Rivald, moine. »

« De même Évrard Gui, Simon de Fontéiac et Milone de Buxe, leur sœur, ont donné entre nos mains à Dieu et aux Frères de Longuay, tout ce que ceux-ci ont cultivé, nivelé et bâti, et tout ce qui leur est nécessaire sur le territoire d'Aubepierre. Témoins : Airard, doyen ; Ansèric, son frère, et Girard de Rouei. »

« De même Hugues, vicomte de Laferté, avec l'agrément de sa femme Hildeberge et de son grand-père Évrard, a donné à Dieu et aux Frères de Longuay, ainsi qu'à leurs successeurs, tout ce qu'ils ont cultivé, nivelé et bâti, et tout ce qui leur est nécessaire sur toute l'étendue du finage d'Aubepierre, y ajoutant l'usage des aisances sur le territoire et dans les bois de Lignerolles. Témoins :

Jocelin, prêtre ; Gui Maupoil et Ayméric, fermier. »

« Le même Hugues, vicomte de Laferté, du consentement de sa femme Hildeberge et de ses fils Ellebaud et Réric, a donné à Dieu, aux Frères de Longuay et à leurs successeurs, la terre qu'il avait en sa propriété à la Lucine, et a accordé le droit d'acquérir sur le territoire de Latrecey, par les donations que feraient aux mêmes Frères, les hommes qui étaient ses tenanciers. Témoins : Séquin, Chevalier, Aymeric et Albert. »

« De même Garin, du consentement de ses frères Anne, Raynier et Geofroi, et de sa femme Émeline, a donné à Sainte-Marie de Longuay, tout ce qu'il possédait à la Lucine. Témoins : Hugues, vicomte ; Hugues de Bricons. »

« Quiconque osera, dit Willenc en terminant, enfreindre ou annuler ces donations, qu'il soit anathème jusqu'à ce qu'il se repente. Quant à ceux qui sauvegarderont les droits de cette église, nous leur souhaitons la paix de N. S. J.-C. »

Nous devons rapporter encore à cette époque une donation qui fut faite par Raynier de Marac, et qui reçut confirmation du temps de l'évêque Godefroi. Voici la charte que le prélat publia à cette occasion :

« Nous entendons notifier à tous les fidèles présents et à venir que Raynier de Marac, pénétré de la crainte de Dieu, a, du consentement de sa femme Clémence et de Josbert, son fils aîné, concédé à l'église de Sainte-Marie de Longuay et aux pauvres qui y habitent, tout l'alleu que son père et le père de sa femme, l'un et l'autre de bonne mémoire, possédaient à Aubepierre et avaient antérieurement donné à ladite église. En outre, consultant pieusement les intérêts de son âme et de celles de ses parents, il a voulu, avec l'agrément de sa femme et de son fils, que la même maison reçût de lui et possédât tranquillement et de son chef, un autre alleu sis à Aubepierre, et consistant en pâturages, champs, bois, prés, terres cultivées et incultes. Or, cette donation a été faite entre les mains de Chrétien, maître de la maison de Longuay, de pieuse mémoire, en présence de témoins honorables, à savoir : Ponce, archidiacre ; Gérard de Fontéiac(?), moine à Clairvaux ; Aymon, prêtre à Aubepierre, son frère Allebaud, et Aymon, son fermier de Coupray ; Évrard de Veuxaulles, et Gui, son fils ; Hugues de Bricons, et Hugues de Jaucoux. Moi Godefroi, humble ministre de l'église de Langres, j'approuve et confirme cette donation. J'ajoute, et cela de l'autorité de notre bienheureuse mère l'Église, des Apôtres Pierre et Paul, et en vertu de ma propre autorité épiscopale, que quiconque osera, cédant à la persuasion diabolique, porter atteinte à cette donation, sera frappé d'anathème, jusqu'à ce qu'il se soit repenti et ait fait une digne pénitence. »

Telle est la liste à peu près complète des premiers bienfaiteurs de notre abbaye. Nous avons dit : à peu près complète, car il est certain que tous les titres et tous les noms ne sont pas venus jusqu'à nous, et nous, de notre côté, nous n'avons pas cru devoir surcharger notre travail d'arides nomenclatures. Toutefois nous avons eu à cœur de rapporter, et c'est dans l'avenir la pensée qui nous guidera, les donations qui nous ont paru les plus importantes. Il nous faut maintenant recueillir quelques faits qui se passèrent, dans ce temps-là, dans le diocèse de Langres, et qui, de près ou indirectement, intéressent l'étude qui nous occupe.

En 1110, Robert, le vertueux évêque de Langres, étant tombé malade à Châtillon, se démit de son évêché, prit l'habit de Saint-Benoît et se prépara à la mort. Il mourut la même année. Son successeur, qu'il avait désigné et dont le choix fut accueilli, Joceran de Brancion, auparavant chanoine de Mâcon, ne put se mettre aussitôt après son élection, à la tête de son diocèse : le nombre et les démêlés des prétendants firent durer environ deux ans la vacance du siége.

Joceran de Brancion, après avoir donné tous ses soins au rétablissement et à la réforme des monastères, ainsi qu'à la restitution de leurs biens, fit la démission de son évêché, et se retira à Saint-Étienne de Dijon qu'il affectionnait, léguant à son successeur sur le siége de Langres, la mission de modifier l'état des hospitaliers de Longuay. Nous assisterons bientôt, en effet, à la première transformation de notre abbaye, transformation en vertu de laquelle, sans perdre leur glorieux titre de soldats de la charité, Chrétien et ses subordonnés deviendront Chanoines-Réguliers [1].

Cependant un nouvel astre s'était levé dans l'Église de Jésus-Christ. En 1113, un jeune gentilhomme nommé Bernard se présenta à Citeaux, où il embrassa la vie monastique avec trente-deux gentilshommes qui, à sa persuasion, renoncèrent au monde et s'en allèrent provoquer la résurrection de l'Ordre cistercien. En 1115, et grâce aux libéralités de Hugues, comte de Champagne, Bernard fonda dans la vallée d'Absinthe, la fameuse abbaye de Clairvaux. Nous ne devions pas négliger ces faits, parce que Dieu, comme nous le verrons, avait donné à Bernard la mission de préparer les éléments d'avenir de Notre-Dame de Longuay, et qu'à cette époque l'illustre Abbé était l'espérance naissante, quoique encore inconnue, de notre abbaye.

1. Histoire des Evêques de Langres.

CHAPITRE II

Willenc, évêque de Langres. — Demande de nos hospitaliers. — On croit devoir dire quelques mots sur les chanoines-réguliers. — Lettre de Willenc. — Femmes à Longuay. — L'abbé de Cluny et l'abbé de Clairvaux. — Suite des donations.

En l'an de Notre-Seigneur 1126, Guilencus ou Willenc, archidiacre, puis doyen de l'église de Langres, fut élu à l'unanimité évêque de cette ville. Willenc, fils de Foulques d'Aigremont, appartenait par sa naissance à l'une des plus anciennes familles du pays. Il était parent de cet Ulric d'Aigremont, le premier baron du diocèse, qui était allé, en même temps que Thierry, duc de Lorraine, rendre ses hommages au pape Pascal II, qu'une maladie soudaine avait, en 1106, retenu à Langres. Willenc fonda plusieurs abbayes, en réforma d'autres, nommément celle d'Auberive, dont il fit une filiation de Clairvaux [1]. Ce fut à lui que

1. Histoire des évêques de Langres.

le ciel donna la mission de régulariser la situation des Frères hospitaliers de Longuay.

Ceux-ci s'étant adressés à lui, et lui ayant exprimé le désir de conformer leur vie à la règle dite de Saint-Augustin, Willenc accueillit leur demande avec une bienveillance toute paternelle, et l'année même où le vertueux prélat termina sa carrière, en 1136, il leur accorda l'autorisation qu'ils avaient sollicitée. Nous pensons qu'il ne sera pas inopportun, avant de reproduire la lettre que Willenc adressa à cette occasion à nos religieux, de donner quelques détails sur l'origine, la règle et le costume des Chanoines-Réguliers de Saint-Augustin.

Les Chanoines-Réguliers prétendent avoir eu pour fondateurs les Apôtres eux-mêmes, s'appuyant sur l'autorité des papes Eugène IV, Benoît XII, Pie IV, Sixte II et Pie V, dont les bulles font remonter l'origine de l'Ordre canonique jusqu'aux temps des fondateurs de l'Église. Cette prétention, que nous n'avons pas à discuter ici, a été combattue par le cardinal Pierre Damien.

Le P. Thomassin attribue à saint Augustin la gloire d'avoir, le premier, établi des communautés ecclésiastiques, après son élévation, en 395, sur le siége épiscopal d'Hippone. Le grand docteur, en effet, ajouta à la vie et à la piété cléricales du clergé de son église, la vie commune et le renoncement à la propriété [1].

Quoique saint Augustin, dit le P. Hélyot [2], soit justement considéré comme le Père et le premier instituteur des communautés ecclésiastiques, il ne dressa pas néanmoins une règle particulière pour son clergé : il se contenta de la règle et de l'exemple des Apôtres, qui avaient enseigné la pratique de la vie commune et de la pauvreté volontaire. Comme dans la suite la plupart des évêques firent vivre aussi leurs clercs en commun, dans l'observance exacte des canons des Conciles, cette circonstance leur fit donner le nom de chanoines, *Canonici*, nom que les Grecs donnaient indifféremment aux ecclésiastiques et aux moines. Il arriva même que le titre de chanoine fut commun à tous les officiers de l'Église, sans excepter ceux des degrés inférieurs, tels que sonneurs, fossoyeurs et autres employés incrits au catalogue, *in canone*, et entretenus aux dépens de la *Fabrique*.

Ce ne fut que vers la fin du douzième siècle que l'on revêtit l'Ordre des chanoines du nom et de la gloire de saint Augustin. Le pape Nicolas II, sollicité par saint Pierre Damien, assembla à Rome, en

---

1. Discipl. Eccl., 1re partie. Livre Ier, ch. 40.
2. Histoire des Ordres religieux.

1059, un concile de 113 évêques, et ordonna, afin de combattre certains abus qui s'étaient glissés en quelques maisons, que les clercs logeassent et vécussent ensemble, et qu'ils missent en commun ce qu'ils recevraient de l'Église. Il les exhortait de plus à la vie commune, telle que la pratiquaient les Apôtres, c'est-à-dire à n'avoir rien en propre. Semblable recommandation fut faite en 1063 par Alexandre II.

Ainsi, continue le P. Helyot, ces deux conciles ayant imposé à tous les clercs la désappropriation et la vie commune, il fallut, pour s'y autoriser, remonter à l'institution de saint Augustin. Pour cela l'on se servit de deux discours du saint et illustre Docteur : Saint-Pierre Damien, qui les cite, intitule *de moribus clericorum* ces deux discours qui reçurent le nom de Règle. Plusieurs écrivains, cependant, n'ont jamais pu s'accorder touchant la véritable règle de saint Augustin, et n'ont pu dire positivement s'il faut entendre sous ce nom les deux discours dont nous venons de parler, ou son Épître 109, adressée à des religieuses. Quoi qu'il en soit, tous ceux qui suivent la règle de saint Augustin, tant religieux que religieuses, ne reconnaissent pas d'autre règle que cette Épître 109.

L'ordre canonique devint florissant, l'observance l'ayant mis en réputation. Plusieurs évêques rétablirent la régularité dans leurs églises, et ceux qui fondèrent des monastères, y mirent volontiers des Chanoines-Réguliers. C'est ainsi qu'à l'époque où nous sommes de l'abbaye de Longuay, nous voyons que des Chanoines-Réguliers sont institués à Auberive et à Val-Sauveur, par les soins de l'évêque de Langres. Dans un instant nous verrons que Willenc, accédant à la demande qu'en firent les Frères de Longuay, soumettra notre maison à la règle de saint Augustin.

En quoi consistait, au commencement du douzième siècle, le costume des Chanoines-Réguliers, c'est ce que nous allons dire en quelques mots. Ce costume était composé d'une aube, qui descendait jusqu'aux talons, et d'une aumusse que les Chanoines portaient sur les épaules en guise de manteau. Les Chanoines avaient encore par-dessus l'aube et l'aumusse une chape noire, à laquelle était attaché un capuce dont ils se couvraient la tête. D'abord la chape, fermée de tous côtés, avait une ouverture sur l'estomac pour passer les mains ; mais dans la suite on la fendit par devant jusqu'au bas pour la plus grande commodité, le capuce y restant toujours attaché. Quant à la robe, les uns la portaient noire, d'autres blanche, rouge ou violette ; en un mot, il n'y avait point de couleur affectée pour les Chanoines-Réguliers. En 1339, le

Pape Benoit XII, à l'occasion de la réforme générale qu'il fit de cet Ordre, ordonna que les Chanoines-Réguliers ne se servissent, dans leurs vêtements, que des couleurs blanche, brune, noire ou presque noire.

Tel est l'ordre religieux auquel les Frères hospitaliers de Longuay voulurent appartenir, et auquel Willenc les agrégea, comme nous allons le voir par sa lettre qu'il est temps de rapporter.

« Willenc, par la miséricorde de Dieu, ministre de l'église de Langres. Ayant accueilli avec piété et bienveillance le vœu et la prière que nous ont adressés les Frères qui habitent Longuày, à l'effet d'obtenir l'autorisation de conformer leur vie à la règle de saint Augustin, notre chapitre y ayant donné son assentiment, nous accordons auxdits Frères la faveur qu'ils ont sollicitée de nous, et nous confirmons pour toujours cette concession. Nous voulons donc qu'ils servent dignement le Seigneur selon les règles de saint Augustin et des saints Pères, et qu'ils persévèrent dans l'accomplissement des devoirs de la charité et de l'hospitalité qu'ils ont commencé à remplir envers les pauvres et les voyageurs. Dans ce but nous instituons le Frère Chrétien et ses deux neveux Gui et Hugues, lesquels se sont, depuis longtemps et dans ce lieu même, voués au service de Dieu, et nous voulons que l'on accueille ceux qui, selon que le Seigneur en ordonnera, se présenteront pour y remplir les mêmes offices. De peur que l'église de Dijon (il est question ici de Saint-Étienne) ne suscite quelque querelle au sujet de Gui, nous faisons savoir à tous qu'il est venu de son plein gré, muni du consentement du vénérable abbé Aubert, se soumettre à notre juridiction. Témoins : Gui, grand-chantre et archidiacre ; Jocelin, archidiacre ; Ponce. Pour nous, de par l'autorité qui nous vient de Dieu, nous sanctionnons ce que nous avons fait, et voulons y donner toute la stabilité dont il est en notre pouvoir de disposer ; nous le confirmons, et nous frappons d'anathème quiconque serait assez téméraire pour aliéner cette maison, la soumettre à une autre personne, et changer une institution qui est celle de Dieu et la nôtre [1]. »

A cette lettre le prélat annexa une charte attestant et confirmant toutes les donations antérieurement faites à l'abbaye, c'est-à-dire durant l'épiscopat de Robert, de Joceran de Brancion et de Willenc lui-même. Mais cette charte rapporte d'autres dons que nous ne passerons pas sous silence, et qui furent faits peu d'années avant l'introduction de la règle de saint Augustin à Longuay. Nous allons citer textuellement :

---

[1]. Cartulaire de Longuay, fol. 91 ; voir à l'appendice, n° 2.

« Sachent tous les chrétiens, tant ceux qui vivent maintenant que ceux qui sont à venir, que Gui Maupoil, et sa femme, dame Racende, ont donné à l'église de la bienheureuse Marie de Longuay et aux Frères du même lieu, à savoir : Aymard, Étienne et Chrétien, et aux autres qui leur succéderont, le pré d'Erlebaud que Gui possédait du chef de son père. Or la donation a été faite avec cette clause, que si quelqu'un prenait injustement ce pré aux Frères de Longuay, Gui lui-même donnerait la moitié du pré de son fief en compensation, en attendant que le pré d'Erlebaud fût restitué à qui de droit. Pour cela Gui a reçu 40 sous de la charité des Frères, et sa femme a reçu une vache. En outre, du consentement de Gui et de sa femme, Herbert, Dodon, son neveu Jocelin et son frère Gérard avec ses neveux, le jeune Urric, tous les hommes de Gui, ont donné, pour le bien de leurs âmes, à Dieu et aux pauvres de Longuay, un champ qui est situé entre le pré d'Erlebaud et le haut chemin, qui passe devant la maison de Dieu. Les témoins de cette donation furent : Raynalin ; Gui de Veuxaulles; Herbert, dit de Jésusalem; Gui, fils de Gisson. De plus, après avoir à une autre époque approuvé ce don, Gui a donné le reste du champ dont il vient d'être question, à la même église et aux Frères qui y mènent la vie commune. Si quelque trouble est suscité aux religieux, Gui se charge de tout pacifier. Les témoins furent : Aldon, prêtre ; Josbert, fils de Raynier ; Raynault de Rouei ; Étienne, intendant de Gui ; Liébault, clerc ; Évrard de Montaignan ; Harembert, ermite ; Barthélemy, prêtre. Le seigneur Évrard, au fief duquel appartenaient ce pré et ce champ, a approuvé la double donation, et a permis aux Frères qui étaient alors à Longuay et à leurs successeurs, de posséder à perpétuité ce qui leur avait été donné. Les témoins furent : Girard de Rouei et Gui. »

« Rodulphe et sa femme Ermentrude d'Orges, ont donné de leur chef à la même maison, tout ce qui lui serait nécessaire dans la forêt d'Aubepierre. Témoins : Ricard et Rodulphe de Husine ; Hudère. »

« Simon de Laferté, fils de Goslebert-Gontard, a donné de son chef aux Frères de Sainte-Marie de Longuay, tout ce qui leur sera nécessaire dans la forêt d'Aubepierre. Témoins : Girard de Rouei et Anvert. »

« Sachent tous que sire Girard de Rouei, Gertrude, sa femme, Raynault et Girard, leurs fils, ont fait, pour le bien de leurs âmes, à Dieu et à Sainte-Marie de Longuay, l'aumône de la fille d'Aymard. Témoins : Robert, prêtre ; Geofroi, chevalier, et Roland, fermier. Du côté de la personne le témoin fut Henri, prévôt d'Arc. Sachent tous, présents et à venir, que tout ce que possède cette maison de Dieu, soit en prés, soit en dîmes, soit en terres elle l'a acquis par la voie des dons, ou à prix d'argent. »

« Sachent tous que sire Aymon de Laferté, fils du vicomte Évrard, a donné à Sainte-Marie de Longuay et aux Frères qui y servent Dieu, tout ce qui leur sera nécessaire sur le territoire d'Aubepierre : Odéarde, sa femme, son fils Galfred et sa fille Lancenne ont approuvé ce don. Témoins, du côté d'Aymon : Eudes, chevalier de Saint-Léger ; Aymon, prêtre d'Aubepierre ; Constant et Ricard, fermiers. Du côté des Frères, les témoins furent : Chrétien, Étienne, Gui, Aymon, Hugues, et Josbert, prêtre. »

« Josbert d'Arc a donné à Sainte-Marie de Longuay et aux Frères du même lieu, tout ce qui leur sera nécessaire sur le territoire d'Aubepierre : sa femme et ses fils, savoir : Ricard, Barthélemi et Gui, ont approuvé cette donation, et sire Aymon, seigneur suzerain, y a donné son consentement. Témoins : Ricard, chevalier ; Chrétien, Étienne et Hugues. »

« Hellebaud de Laferté, frère de Hugues de Bricons, et sa femme Ameline, ont donné à Sainte-Marie de Longuay et aux Frères du même lieu, tout ce qui leur sera nécessaire sur le finage d'Aubepierre. Témoins : Hugues, prêtre de Dancevoir ; Pierre d'Arc ; Chrétien, Étienne, Hugues et Gui. »

« Witbert d'Arc a donné à Sainte-Marie de Longuay et aux Frères qui y servent Dieu, tout ce qui leur sera nécessaire sur le territoire d'Aubepierre. Témoins : Josbert d'Arc ; Anne et Gui Maupoil. »

« Simon de Laferté et son frère Gontard, fils de Josbert-Gontard, ont donné à Dieu, à Sainte-Marie de Longuay et aux Frères du même lieu, tout ce qui leur est nécessaire sur le territoire d'Aubepierre, en champs, bois, prés et eaux, pour tous les usages et sans restriction d'aucune servitude. Du côté de Simon et de Gontard les témoins furent : Gillebert, prêtre, et son frère Foulques ; Pierre, Chevalier. De la part des Frères : les moines Girard et Étienne ; Pierre, convers. »

Nous allons encore trouver le nom de Raynier de Marac, à propos de la donation d'un alleu situé sur le territoire d'Aubepierre. La concession fut faite au Chanoines-Réguliers du vivant de saint Bernard, dont l'écrit fait mention ; mais l'acte n'en fut rédigé que plus tard, c'est-à-dire quand saint Bernard n'existait déjà plus, conséquemment peu de temps après l'an 1153.

« Sachent tous, tant ceux qui sont présentement que ceux qui sont à venir, que moi, Raynier de

Marac, après la mort de mes frères Gauthier et Nivard, j'ai donné par les mains de Dom Bernard, de vénérable mémoire, abbé de Clairvaux, sans aucune contradiction ni contrainte, le jour même de la sépulture de mon frère Nivard, tant ma part que la part de mes frères, de l'alleu que nous possédions par droit d'héritage à Aubepierre, et qui consiste en bois, prés et eaux. J'ai donné pareillement tous les revenus coutumiers qui nous appartenaient sur la ville et les dépendances d'Aubepierre. Les témoins de cette donation sont : Dom Gérard, frère de l'abbé de Clairvaux ; sire Raynier de Châtillon et Henri d'Arc, son prévôt ; Dom Mathieu et Érigaud de Gurgy. »

« Moi, Aymeric, fermier, du consentement de mes fils Gonther et Aymeric, je concède à Sainte-Marie de Longuay et à ceux qui desservent cette église, dix arpents de la Lucine. Or, après la mort d'Aymeric, ses deux fils, Gonther et Aymeric, donnèrent, pour le repos de l'âme de leur père, dix autres arpents sur le même finage, en présence d'Arnoul, prêtre ; de Rudolphe, clerc, et de Bernier. »

« Au nom du Seigneur, moi, Hugues d'Arc, fils du chevalier Bencelin, ayant obtenu par mes prières et par la grâce de Dieu que ma fille Adélède fût faite religieuse dans l'église de Sainte-Marie-Madeleine, à Longuay, j'ai donné à ladite église la partie de la terre de Saint-Pierre, sans excepter les prés, qui se trouve sur le finage d'Aubepierre. Les témoins de cette donation sont Hubert, prêtre d'Arc ; Hugues Maurule ; Arlebaud ; Roger et Garnier, Frères, et Vindémie, femme d'Arlebaud. »

« Ricard de Gurgy ; Évrard son fils, et Raynier Libornes, ont donné à la maison de Longuay, pour la fille de Ricard qui y avait été faite religieuse, tout ce qu'ils possédaient de terre, de près et de bois à la Lucine. Les témoins furent : Ergode de Gurgy ; Henri Malvoisin ; Girard de Rouei ; le vicomte Hugues ; Ricard d'Aubepierre ; Gui et Hugues, chanoines de Longuay, et autres personnes moins importantes. »

Voilà déjà plusieurs fois qu'il est question de femmes habitant Longuay en qualité de religieuses, et les documents que nous rapporterons dans la suite mettront encore sous nos yeux quelques nouveaux noms ; que devons-nous penser de ce fait ? Nous avouons que nous n'y trouvons rien de surprenant, en nous souvenant que la maison fut fondée au profit des voyageurs, des pauvres et des malades, et qu'elle reçut même le titre d'hôpital, Xenodochium. De plus, nous ne devons pas oublier que plusieurs nécessiteux des deux dernières catégories, à savoir des pauvres et des malades, résidaient à Longuay, les donations nous l'ont plus d'une fois laissé entrevoir, dans des maisons construites pour eux. Or les femmes, à qui Dieu inspirait la courageuse et admirable vocation de se vouer au soin des malades, si nombreux en France durant le douzième siècle, suivaient sans aucun doute une règle de vie analogue à celle des religieux, et, vivant à part, s'occupaient uniquement des malades de leur sexe. Il faut bien, au reste, que tout ait été ordonné et conduit sagement, puisque rien ne se faisait à Longuay en dehors du concours et l'agrément des évêques de Langres, comme le prouve la donation qui suit.

« Sachent tous, tant ceux qui sont aujourd'hui que ceux qui sont à venir, que Vidorse de Fontètes a donné, avec l'approbation de ses fils et par la volonté expresse de Willenc, évêque de Langres, à la maison de Longuay et aux Frères de cette même maison, pour sa fille Alvid, qui s'y est faite religieuse, a donné, disons-nous, les petites dîmes d'Autreville et de Vendelancourt, en présence de témoins véridiques, à savoir : Clément, chapelain de l'évêque ; Rodulfe, chanoine de Langres ; Aymon, prêtre à Aubepierre, et Mauger, prêtre de la Chaume. »

« Que tous ceux qui sont présentement et tous ceux qui sont à venir sachent qu'Aganon, prieur dans l'église de B. Martin d'Arc, a donné, avec le consentement du Chapitre et de l'abbé de Cluny, et pour toujours, la terre de la Lucine à l'église de Sainte-Marie de Longuay et aux Frères qui la desservent, moyennant 40 sous d'entrée et 10 sous de cens annuel. Si un Ordre de moines, dans la suite des temps, vient à s'établir dans cette église, ladite terre appartiendra aux successeurs des religieux qui présentement habitent le lieu dit Longuay. Que si quelqu'un cherche à troubler la tranquille possession du bien que nous donnons aux Frères qui desservent ladite église, Aganon, ou, à son défaut, son successeur, mettra fin aux réclamations en y satisfaisant. Le cens sera réclamé et payé à Longuay en la fête de saint Jean. Les témoins sont : Hugues, vicomte de Laferté ; Hugues de Bricons ; Théobald, clerc ; Génard, veneur ; Mathieu d'Arc ; Richard d'Aubepierre, et Gui, forestier d'Arc. »

Il paraît que cette redevance annuelle de 10 sous, toute minime qu'elle est, fut une source de querelles entre les Chanoines de Longuay et le prieur d'Arc. Saint Bernard et l'abbé de Cluny, qui n'était autre que Pierre-le-Vénérable, durent intervenir dans l'affaire, le premier comme pacificateur, le second comme supérieur hiérarchique du prieur d'Arc, et comme ayant toute l'autorité nécessaire pour terminer le différent. Nous possédons deux lettres que l'abbé de Cluny écrivit à cette occasion [1], l'une à saint Bernard, l'autre au prieur d'Arc. Pierre-le-Vénérable remercie saint Bernard de ce qu'il a bien voulu, se rendant à la prière qu'il lui en avait adressée, traiter cette affaire comme il aurait fait de la sienne propre, et ne reculer devant aucune tentative pour rétablir la paix. La seconde lettre du même personnage, celle qu'il adressa au prieur d'Arc, nous apprend que la donation a été faite entre les mains de saint Bernard; elle établit la condition du cens annuel de 10 sous, et déclare que le bien doit passer avec la même condition aux religieux cisterciens. C'est que, au moment où cette lettre fut écrite, notre abbaye avait déjà subi sa seconde transformation.

Il nous reste à mentionner encore quelques-unes des acquisitions que firent les Chanoines-Réguliers de Longuay durant la période d'années qui s'écoula de 1136 à 1149. La première qui s'offre à nous, nous ramène au finage de la Lucine.

« Que les fidèles sachent que sire Ausculfe de Châteauvillain a vendu, avec l'assentiment de sa femme Adelède, de Gui Maupoil, de son fils Gui et de sa femme Rescenne, aux Frères de Longuay, la terre, les prés et le bois qu'il possédait au terri-

---

1. Cartulaire de Longuay, fol. 107.

toire de la Lucine. Les témoins et cautions furent :
Hugues, vicomte de Laferté ; Arlebaud et Ruric,
fils de Hugues ; Hugues de Bricons ; Évrard et
Gui, fils de Hugues de Bricons. Autres témoins :
Gui, prêtre de Châteauvillain; Pierre, son frère, et
Gillebert, clerc. »

« Sachent tous que Herbert de Dancevoir, surnommé de Jérusalem, a donné à Sainte-Marie de Longuay, un pré qu'il tenait de sire Navelon, et dans lequel se trouve l'écluse des moulins de Longuay. Il a fait, en outre, remise de quatre deniers qu'il percevait sur les moulins à cause de cette écluse. La donation et la remise eurent l'approbation de Béliarde, femme de Herbert, de leur fils Jean, ainsi que celle de Navelon, qui est cité dans l'acte, de sa femme, de son fils et de ses filles. Les témoins furent : Geofroi, chevalier ; Gui, maire d'Aubepierre, et Hubert, décimaire. »

Si à ces diverses donations nous ajoutons la collation de la moitié des grandes dîmes d'Autreville ; la concession que Hugues de Bricons et ses fils firent à la maison de Longuay de terres, d'eaux et bois situés sur le finage d'Aubepierre ; celle d'un pré situé sur les bords de l'Aujon, que donna Henri, prévôt d'Arc, et enfin la collation de dîmes nouvelles, accordées avec l'approbation de Godefroi, évêque de Langres, et de Bernard, abbé de Clairvaux, et en présence « des plus illustres témoins, » pour l'entrée d'une religieuse au monastère de Longuay, nous n'aurons pas encore mis sous les yeux du lecteur la liste complète des bienfaiteurs de nos Chanoines-Réguliers, mais seulement celle de ceux qui vécurent du temps de Willenc.

CHAPITRE III

Deux personnages du douzième siècle. — Pressentiment d'une transformation nouvelle. — Donations diverses. — Le pape Eugène III. — Action combinée de saint Bernard et de l'évêque de Langres. — Lettre de celui-ci. — Mort de Chrétien.

L'époque, 1136—1149, à laquelle cette étude nous a amené, nous impose la loi d'interrompre pendant quelques instants le récit de ce qui touche directement l'abbaye de Longuay, et de dire quelques mots de deux personnages éminents, dont les noms se sont déjà trouvés sous notre plume, à savoir le saint abbé de Clairvaux et l'un des plus illustres successeurs de Willenc sur le siége épiscopal de Langres, Bernard et Godefroi de Rochetaillée.

En ce temps-là donc vivait un homme puissant par la parole et par les œuvres, un homme que l'on peut appeler le génie de son siècle, et dont les siècles suivants ont vénéré la mémoire, saint Bernard. Abandonnant les priviléges de sa naissance, Bernard, tout à coup épris des délices de la vie spirituelle, s'en alla un jour, accompagné de trente-deux gentilshommes de ses amis, frapper à la porte de l'abbaye de Citeaux. Bientôt ses exhortations et ses exemples, plus entraînants que les paroles, introduisirent parmi les religieux Bénédictins qui habitaient Citeaux, et qui étaient devenus moins stricts observateurs de la règle, une réforme salutaire. Deux ans après qu'il avait pris l'habit monastique à Citeaux, Bernard fonda la célèbre abbaye de Clairvaux.

Bernard se fit bientôt, dans son nouveau séjour, une telle réputation de sainteté et d'éloquence, qu'il attira autour de lui une foule de novices, dont plusieurs devinrent des hommes éminents, et que les Évêques, les Rois et les Papes le prirent pour arbitre de leurs différents. Qu'on nous permette de rappeler en quelques mots plusieurs faits de l'histoire contemporaine.

Innocent II et Anaclet se disputent la tiare : on s'en rapporte à la décision de l'abbé de Clairvaux. — Il faut délivrer le sépulcre du Sauveur des hommes : Bernard prêche la croisade, et il accomplit la mission qu'il en avait reçue, avec un succès tel, que le roi Louis-le-Jeune et Conrad III prennent eux-mêmes la croix. — La même voix qui entraine à Jérusalem les phalanges des croisés, combat avec un succès égal et une étonnante autorité théologique, les œuvres d'Abélard, de Pierre de Bruys, d'Arnaud de Brescia, de Guillaume de la Porée et du moine Raoul. Voilà ce que fit saint Bernard.

Cependant tous ces travaux, qui furent accomplis dans une courte période d'années, n'empêchèrent pas l'illustre abbé de s'occuper d'une autre œuvre, d'une œuvre importante à tous égards, nous voulons dire la fondation ou la réformation de maisons religieuses. Or l'histoire nous apprend que ce saint Docteur, ce prédicateur de la croisade, ce pacificateur de l'Église, cet abbé, qui avait à gouverner une si considérable abbaye, fonda ou réforma soixante-et-douze monastères. Nous verrons plus tard quelle part eut à sa sollicitude l'abbaye qui nous occupe.

En ce qui touche particulièrement Notre-Dame de Longuay, l'abbé de Clairvaux fut singulièrement aidé par l'autre personnage dont nous voulons parler.

Après la mort de Guillaume Ier de Sabran, il s'éleva pour l'élection de l'évêque de Langres de grands débats, auxquels Pierre-le-Vénérable, abbé de Cluny, et saint Bernard prirent une part active et opposée. En 1138, le clergé de Langres mit fin à ces débats en choisissant pour évêque Godefroi, de la maison de Rochetaillée. Godefroi était parent de saint Bernard, l'un des trente-deux gentilshommes qui l'avaient suivi à Citeaux, puis à Clairvaux ; il était prieur de Clairvaux quand l'élection l'appela au gouvernement de l'église de Langres.

Godefroi, que saint Bernard appelait « son bras droit, la lumière de ses yeux, le bâton de sa vieillesse, » honora le siége de Langres, et fit paraître en tout le mérite d'un excellent pasteur. Quel dévouement à son église et à l'Église tout entière ! quelle activité ! On retrouve en cet illustre prélat comme un écho et une influence de l'activité et du dévouement de saint Bernard. C'est ainsi que Godefroi prit part, en qualité de légat du Saint-Siége, à l'expédition de 1147, où il montra tant de courage, tant de prudence, de sagacité dans les conseils, de vues justes et profondes, de fermeté dans les dangers et de constance dans l'adversité ; à cette expédition dont le succès, au dire des historiens, aurait été infaillible, si l'on eût suivi ses avis.

On conçoit qu'un tel évêque, le fils spirituel, « le bras droit » de saint Bernard ; un évêque qui s'était signalé par tant de vertus éclatantes, dut se concilier une autorité considérable, et que les religieux de son diocèse aient désiré appartenir à une famille dont les enfants méritaient si bien de l'Église, et dont l'évêque de Langres était alors une si pure gloire... Mais n'anticipons pas sur les événements : reprenons, au contraire, et complétons la liste des bienfaiteurs des Chanoines-Réguliers de Longuay.

La charte que nous allons reproduire est de Godefroi de la Rochetaillée, qui monta, avons-nous dit, sur le siége de Langres en 1138. « Au nom de la sainte et individuelle Trinité, moi, Godefroi, évêque de Langres, je veux faire savoir à tous ceux qui sont maintenant et à ceux qui sont à venir, que Hugues, vicomte de Laferté, a donné à Dieu, à Sainte-Marie et aux Frères de Longuay toute la terre arable et tous les prés qu'il possédait au finage de la Lucine, et tout ce qu'il avait droit de reprendre dans une vigne de Latrecey ; concédant en outre aux mêmes Frères la tranquille possession de tous les biens dont ils étaient investis au temps de cette donation, c'est-à-dire en 1154, et qui consistaient en champs, prés, forêts, pâturages et usages. Les témoins furent : Raynauld, Cellérier de Clairvaux, Eudes d'Orges. Ce don a reçu l'approbation de Hildeberge, femme de Hugues ; celle de Hellebaud, Réric, Jean et Étienne, leurs fils, et d'Alie, femme de Réric. Les témoins de l'approbation furent : Liébaut, prêtre de Dancevoir, Dominique et Albert. Le comte Henri a pareillement approuvé ce don, en présence de Hugues de Bricons, d'Ansérie de Montréal, et de Drogon de Provins. »

« De même sachent ceux qui sont aujourd'hui et qui sont à venir, que Geofroi de Laferté a reconnu que son père Aymon, fils du vicomte Évrard, a, du consentement de lui Geofroi et de sa sœur, femme d'Ayrard, donné et concédé à Dieu et aux Frères de Longuay, et à leurs successeurs, tout ce que les dits Frères avaient cultivé et nivelé, et tout ce qui leur était nécessaire en eaux, en prés, en bois et en champs sur le territoire d'Aubepierre. » Geofroi donna à cet acte l'approbation la plus absolue en présence des témoins Gui, Ellebaud, son frère, Hugues, vicomte, et sire André de Mont-Bar [1].

Vers le même temps, Hugues, vicomte de Laferté, ayant perdu son fils Réric, fit des largesses aux maisons religieuses pour le repos de l'âme de son fils : « il donna à Dieu et aux Frères de Longuay tout ce qu'il avait retenu du breuil de Lignerolles, » en y ajoutant la permission de faire paître des porcs dans la moitié du terrain destiné à la pâture des animaux. « Ce don fut fait entre les mains de l'évêque Godefroi, et en présence d'Eudes de

---

1. Cartulaire de Longuay, fol. 100-109.

Grancé, de Girard de Rouvres, et d'Aganon de la Chaume. »

« De même Raynier de Giey a fait de bon cœur remise de tout ce qu'il réclamait du territoire de la Lucine. Sa femme Doucebonne a approuvé son acte. Les témoins furent : Valnier, chapelain de Giey ; Lambert, Arnoul d'Arc. » Au même temps Thiébault de Saint-Loup fit, avec l'assentiment de sa femme Elisabeth, une concession de même nature.

Nous allons rapporter maintenant le plus brièvement possible les autres dons que constate le document qui nous sert de guide, nous contentant de n'indiquer quelquefois que le nom du bienfaiteur. La charte mentionne : Humbert, décimaire d'Aubepierre, qui concéda à la maison de Longuay ce qu'il réclamait sur le lieu même où s'élevait l'abbaye ; Brion et Hugues, son frère, de Dancevoir, qui donnèrent un pré de la terre de Saint-Mammès ; Henri d'Aubepierre, qui donna une partie d'un pré de son alleu ; Raynier de Marac, dont nous avons déjà rencontré le nom, qui ratifia toutes les donations faites par ses prédécesseurs à l'abbaye, et qui ajouta la faculté pour les religieux de couper les broussailles, depuis la maison jusqu'à Val-Corbeau ; le fermier Haymon qui donna son alleu sis à Aubepierre ; Ulfred ; Milon de Rouvres ; la femme de Bernard, homme d'armes ; Henri-le-Roux ; Ulfred, pelletier, qui donna aux Frères de Longuay une partie de champ qu'il possédait sur la rivière ; Gislebert, clerc, qui donna à Dieu et aux moines de Longuay tout ce qu'il possédait dans la vallée de Foiseul, et tout ce qu'il avait à la Lucine en prés et en terres ; Richard, qui donna ses terres et ses bois de la Lucine, et les dîmes des terres que Longuay possédait sur le territoire d'Aubepierre ; Gui du Chatel ; un nommé Raoul ; un autre Raoul, qui donna pour l'âme de sa mère un alleu qu'il possédait à Latrecey. »

« De même Aganon, chevalier de Dancevoir, donna à Dieu et aux Frères de Longuay une vigne qu'il possédait dans le Val-d'Argiode ; un pré qu'il avait de moitié avec Bovron sur le territoire de Créancey ; 3 sous de cens sur les prés de la Lucine, et tout ce qu'il possédait sur le même finage. Les témoins furent : Chrétien et Hugues, chanoines ; Étienne, convers ; Liébaut, prêtre de Dancevoir ; Gui, fils de Gison, et Constance. » Citons encore : « Ellebaud d'Arc, qui donna 6 sous de cens que lui devaient annuellement Haymon et Ellebaud d'Aubepierre ; Gislebert d'Arc, prêtre, et son frère Albéric, qui donnèrent pour l'âme de leur père un meix, une vigne et un pré qu'ils possédaient à Latrecey, et leur alleu de la Lucine ;

dame Gertrude de Rouvres et ses fils Raynault, Girard et Hugues qui donnèrent, pour l'âme de leur père, tout leur alleu d'Aubepierre, consistant en eaux, bois et champs ; 12 sous de cens, les membres d'un porc et trois pains ; Ferri de Brion, qui donna la moitié des dîmes et du cens établis sur les maisons de Brion, un meix et deux arpents de terre. De même, Milon d'Osime donna à Dieu et aux Frères de Longuay le quart de la terre de Saint-Pierre, consistant en prés, en eaux, en bois et en champs, avec l'agrément de sa femme Marie. Témoins : Hugues, chanoine ; Brice et Païen d'Aubepierre. »

« De même le fils d'Henri, prévôt d'Arc, concéda aux Frères un pré que son père lui avait donné. En outre il leur donna un meix, sis à Aubepierre, qui lui rapportait un revenu annuel de 12 sous. Témoins : Raynier de Marac ; Garnier et Thiébault, chanoines. »

« De même Jacques de Chassigny donna à Dieu et aux Frères de Longuay ses pâturages de Cour-l'Evêque. Sa femme Agnès et ses fils approuvèrent ce don. Témoins : Alexandre, prieur de Meurs ; Frère Vibert. »

« Afin que les choses qui sont ci-dessus écrites, dit le prélat, demeurent fermes et inviolables, nous les avons munies de l'autorité de notre sceau, et au nom de Dieu et en vertu de notre propre autorité, nous défendons à quiconque d'oser les annuler. Quant à ceux qui sauvegarderont les droits de cette église, nous leur souhaitons la paix de Notre-Seigneur Jésus-Christ. Ainsi soit-il [1]. »

Cependant un ancien moine de Clairvaux devint pape sous le nom d'Eugène III. Le Pontife Romain, disciple de saint Bernard, ayant promené sur les abbayes dont notre France était couverte, son regard vigilant, découvrit çà et là, à Longuay entre autres lieux, quelques abus et des tentatives de relâchement. Eugène III n'ignorait pas le remède qu'il convenait d'apporter à de tels maux. C'est pourquoi, dans sa sollicitude pastorale, il invita, durant le voyage qu'il fit à Clairvaux en 1147, saint Bernard à pourvoir au plus tôt aux nécessités de l'Église. La préparation des événements qui se rapportent à notre abbaye, se fit entre les années 1147, date du voyage du pape Eugène, et 1149, date de la rentrée de Godefroi dans son diocèse.

Docile à la voix de celui qui avait obéi à la sienne sous les cloîtres de Clairvaux, et qui, dans ce moment, était assis sur la chaire de Pierre, l'illustre abbé s'entendit avec l'évêque de Langres, et prit, de concert avec son ami, les mesures nécessaires pour

1. Cartulaire de Longuay.

— 49 —

faire refleurir la discipline dans le monastère de Longuay. Le moyen le plus efficace pour atteindre un but si précieux, ne pouvait être autre que celui que le Pontife lui-même avait, nous ne pouvons en douter, proposé à l'abbé de Clairvaux, et certainement imposé à l'évêque de Langres [1], à savoir de faire de l'abbaye de Longuay une nouvelle fille de Clairvaux.

Quelle fut en cette grave circonstance la conduite des Chanoines-Réguliers ? Quels qu'aient été les abus que le Souverain Pontife avait remarqués chez nos religieux, abus inséparables de la condition humaine, leur conduite en cette occasion fit bien voir que le terrain était préparé, et que la mesure proposée par Eugène III n'était pas intempestive. La volonté du successeur de saint Pierre fut accueillie à Longuay avec un pieux empressement et un respect filial ; en sorte que l'agrégation des Chanoines-Réguliers de Longuay à l'Ordre cistercien se consomma en l'an de Notre-Seigneur Jésus-Christ 1149, la quatrième année du pontificat d'Eugène III.

Si nous voulions rechercher en dehors de la sollicitude et de l'autorité du Souverain Pontife, les causes de la seconde transformation que subit

---

1. Voir à l'appendice, n° 3, la lettre de Godefroi.

en ce moment le monastère de Longuay, et si nous avions à justifier la conduite des Chanoines-Réguliers, nous pourrions alléguer avec raison l'influence qu'eurent sur les affaires religieuses de ce temps, les deux personnages dont nous avons parlé au commencement de ce chapitre.

On reconnaîtra sans peine avec nous que l'entraînement produit par l'autorité de saint Bernard, expliquerait, à lui seul et suffisamment, l'introduction d'une semblable modification à Longuay. Il ne peut entrer dans notre plan d'approfondir cette observation : mais nous croyons que la justesse en serait évidente pour quiconque lirait l'histoire de l'abbaye de Clairvaux, et se rappellerait la célébrité qu'acquit, tant par elle-même que par les illustres maisons dont elle fut la mère, cette abbaye qui eut saint Bernard pour fondateur et pour premier abbé. Au surplus, comme nous l'avons insinué précédemment, la présence sur le siége épiscopal de Langres de l'ancien prieur de Clairvaux, de ce religieux devenu Pontife, qui méritait si bien de l'Église universelle, dut être pour nos Chanoines-Réguliers une raison singulièrement puissante d'accepter un changement aussi considérable que l'introduction d'une règle nouvelle. De sorte que, quand même la proposition qu'on leur fit, n'eût pas été conforme à leurs secrètes aspirations, ni en harmonie parfaite avec leur religieuse obéissance, ils auraient volontiers embrassé une règle que la Providence semblait uniquement bénir ; une règle qui obtenait des succès éclatants et une prodigieuse extension, et qui paraissait la seule que les monastères dussent suivre depuis la réforme cistercienne. Nous ne pouvons donc nous empêcher de reconnaître qu'en acceptant la règle de Clairvaux, et en la recevant des mains mêmes de saint Bernard, les Chanoines-Réguliers tendaient à la perfection et multipliaient leurs espérances de vie.

A l'occasion du fait qui venait de se passer à Longuay, l'évêque Godefroi écrivit à nos religieux tant pour les féliciter, que pour approuver et consacrer par un acte officiel et authentique, la réforme de l'institut. « Autant, écrivit-il,[1] notre cœur se remplit d'amertume et de douleur quand nous voyons la ferveur et la sainteté disparaître des lieux saints et consacrés à Dieu, autant il se dilate sous la douce influence de l'allégresse et de la joie que lui causent la correction des abus et la réforme d'un Ordre saint. C'est pourquoi ayant appris que l'état religieux, que nous savions être depuis longtemps en souffrance dans la maison de Longuay, tendait

---

1. Voir cette lettre à l'appendice, nº 3.

à s'améliorer, nous louons la réforme qui y a été introduite par l'ordre de notre très-pieux Père, le Souverain Pontife Eugène ; nous l'approuvons, et nous donnons la maison de Longuay à l'Ordre cistercien.

« Et parce que l'on sait que cette maison a été fondée par les aumônes et par les largesses des fidèles, tant sous notre épiscopat que sous celui de nos prédécesseurs, nous faisons défense à quiconque d'annuler ou d'infirmer ces bénéfices. » Cette lettre fut donnée le quatorzième jour avant les nones de mars 1149. Le prélat y annexa une charte rappelant les diverses donations qui avaient été faites aux Chanoines-Réguliers et que nous avons rapportées plus haut, et confirmant à l'Ordre cistercien la pleine possession et le bénéfice de ces donations.

Un demi-siècle s'est écoulé depuis que Chrétien et ses neveux sont arrivés dans la solitude de Longuay, où ils embrassèrent, en 1136, avec l'autorisation de Willenc d'Aigremont, évêque de Langres, la règle de saint Augustin. L'histoire n'a pu nous dire à quelle époque le prieur Chrétien alla recevoir sa récompense éternelle : la même obscurité qui, pour nous, enveloppe son berceau, enveloppe aussi l'heure de son trépas. Mais de quel prix est la gloire de ce monde aux yeux de l'homme qui attend tout de Dieu ? Mourir sans bruit, c'est le destin et le vœu de quiconque a pris pour devise : *Ama nesciri et pro nihilo reputari*. Toutefois nous pensons que Chrétien, dont nous avons retrouvé le nom dans les chartes de Godefroi, mourut vers l'époque où s'opéra la seconde transformation de l'abbaye, laissant à son neveu Gui et à ses Frères, avec l'héritage de ses vertus et de ses bons exemples, le soin de faire fleurir de plus en plus son asile sacré sous l'influence de la règle cistercienne.

DEUXIÈME PÉRIODE

1149—1532

ABBÉS RÉGULIERS

CHAPITRE IV

Gui Ier, premier abbé cistercien. -- Nouvelles donations : encore la Lucine. -- Créancey et Cour-l'Évêque. -- Retraite de Godefroi, évêque de Langres. -- Mort de Gui. -- On raconte comment se fit l'élection de son successeur. -- Mort du deuxième abbé. -- Raoul, troisième abbé. -- Donations.

Aussitôt que la réforme de Longuay eut été revêtue de l'approbation épiscopale et entourée de toutes les garanties indispensables, saint Bernard choisit lui-même le premier abbé régulier cistercien de sa nouvelle maison. Son choix tomba sur un frère nommé Wido, que nous appelons Gui, et qui était peut-être le neveu même du prieur Chrétien.

Quoi qu'il en soit de la généalogie de Gui, ce qui est certain, c'est qu'il était abbé de Longuay à l'époque où nous sommes arrivés, comme l'attestent plusieurs chartes qui se rapportent à notre abbaye.

Dès l'an 1153, l'évêque de Langres, Godefroi de Rochetaillée, accorda à nos religieux une charte [1] constatant de nouvelles donations qui venaient d'être faites à la maison de Longuay. En tête de l'écrit nous lisons « que Hugues, vicomte de Laferté donna à Dieu et aux Frères de Longuay toutes les aisances sur le finage de Lignerolles, » avec quelques réserves toutefois. C'est ainsi qu'il garda sous son domaine absolu « la partie de la forêt qui se trouve entre le chemin de Longuay à Lignerolles, et le chemin qui conduit d'Arc à Châtillon, dans laquelle partie les religieux pouvaient néanmoins amasser le bois mort. » Le vicomte reconnut, en outre, les droits qu'il avait antérieurement conférés sur la Lucine à la maison de Longuay. Témoins : Étienne, prieur de Laferté ; Raoul, doyen de Bar ; Chrétien, chapelain de Saint-Maclou. »

Vient ensuite une reconnaissance des droits de la maison de Longuay sur des terres du territoire d'Aubepierre : cette reconnaissance est de Raoul, fils de Clarel. Parmi les témoins nous trouvons

---

1. Cartulaire de Longuay, fol. 102 et seq.

Raoul de Bar ; Hugues, vicomte ; Évrard de Bricons ; Henri, prieur de Sainte-Eulalie.

« De même sachent tous présents et à venir que dame Itibiers, avec l'agrément et d'après le conseil de sire Thiébault de Dunville, son mari, de son fils Raynier et de ses deux filles, a donné à Dieu et à Sainte-Marie de Longuay, entre les mains de Dom Bernard, abbé de Clairvaux, et en présence de Dom Raynault, cellérier, tout ce qu'elle avait en propre sur le territoire de la Lucine, et leur a concédé de bon gré la tranquille possession de tout ce que les Frères pourraient acquérir de ceux qui tiennent de ses terres au même finage. Témoins : Hildiéric, maître de la Maison-Dieu de Bar ; Simon Gontard ; Lébaud de Rennepont » et quelques autres. « Son frère Nivard, fils de Godefroi de Châtillon, a approuvé cette donation. De plus il a donné à Dieu et à Sainte-Marie de Longuay, sans restriction aucune, tout ce qu'il possédait sur le même territoire. Son frère Hugues a tout approuvé. Témoins : André de Montbar ; Thiébault de Grisigne, et Mathieu de Châtillon. Barthélemi, sire de Vignory, a tout approuvé et concédé entre les mains de Dom Bernard, abbé de Clairvaux. Témoins : Eudes, duc de Bourgogne ; Ansèric de Montréal ; Guillaume de Marrigne. »

Enfin la charte rappelle beaucoup d'autres bienfaiteurs dont nous ne citerons que les noms : Évrard de Ville ; Gui de Poleio ; un certain Gontier, fils de Dominique ; Humbert, décimaire, et son frère Bernard ; Henri-le-Roux ; Sébulge ; Willenc de Châteauvillain ; Michel de Latrecey ; Gui de Chérence ; Robert, et enfin Raoul et sa sœur Ermentrude, dont les donations se rapportent au finage d'Aubepierre et à celui de la Lucine.

Quelques années après, c'est-à-dire en 1158, « Geofroi, fils d'Haimon de Laferté, approuva et concéda à Dieu et aux Frères de Longuay, tout ce que son père Haimon leur avait donné, et aussi tout ce que lesdits Frères possédaient déjà lorsque la donation d'Haimon eut lieu, y ajoutant le droit de pêche et de pâture, même pour les porcs, sur tout le finage d'Aubepierre. » Geofroi déclare ensuite qu'il se réserve le cens ou tout autre revenu dont sont grevées les terres de ses tenanciers, dans le cas où les Frères en feraient l'acquisition. Or ce cens était payable à Aubepierre, en la fête de saint Jean-Baptiste jusqu'au dernier jour de l'octave. Suivent les noms des témoins et la date. « Mais de peur qu'à l'avenir, dit le prélat, quelque discorde ne s'élève entre Geofroi ou ses héritiers et les Frères de Longuay, nous avons remis une copie de cet écrit, munie de notre sceau, à Geofroi et à ses héritiers, et une aux religieux de Longuay. »

L'année suivante, en 1159, « Willenc, abbé de Molême, avec l'approbation et l'aveu de tout son Chapitre, donna et concéda à Dieu et à l'église de Longuay tout ce qu'il possédait à Cour-l'Évêque et Visignol. » La donation, qui fut faite « en la main de Gui, abbé de Longuay, » porte la condition que les donataires paieront un cens annuel de 12 sous au prieur de Villey, ou à son ayant-cause, en la fête de saint Remi, et que s'ils ne paient pas dans le terme indiqué, ils devront y ajouter 12 sous d'amende. La même année, Josbert de Laferté donna, avec l'approbation de l'évêque de Langres à qui ce fief appartenait, et l'assentiment de sa femme Gertrude et de sa fille Mathilde, « en la main de Gui, abbé de Longuay, » donna, avons-nous dit, à Dieu, à Sainte-Marie et aux frères de Longuay tout ce qu'il possédait à Cour-l'Évêque, retenant toutefois un cens annuel de 20 sous, que les Frères devaient lui payer à Laferté, « en la fête de saint Jean-Baptiste ou pendant l'octave. Les témoins furent : Raynier, abbé d'Auberive ; Gui de Dijon ; Vaucher, cellérier ; Léger de Barville ; Hembert, et Gui, boulanger. Godefroi, évêque de Langres, a approuvé ce don. Témoins : Hugues de Rivière, archidiacre ; Gislebert, moine de l'évêque. »

Une dernière charte de Godefroi rapporte diverses donations concernant Créancey et Montribourg. On y voit particulièrement « qu'Ansculphe du Chatel s'est rendu lui-même à Dieu et à Sainte-Marie de Longuay, à qui il a donné tout ce qu'il possédait à Créancey et à Montribourg, excepté quelques meix qui devaient rester » aux tenanciers, « avec un arpent de terre pour chaque meix. » Les territoires de Créancey et de Montribourg étaient utiles aux religieux de Longuay, principalement pour leurs bestiaux de la Lucine. Nous lisons dans la même charte que Nivard de Châtillon chercha querelle aux religieux « à propos des pâturages et aisances dont ils jouissaient, » et dont les habitants de la Lucine avaient joui « de tout temps, » sur les finages de Créancey et de Montribourg. L'affaire ayant été portée devant l'évêque de Langres, Godefroi rendit une sentence conforme à la justice et aux vœux des religieux. Acte fut dressé de cette décision à Dancevoir, en présence de Hugues de la Chaume, doyen, et de plusieurs autres témoins [1].

Nous croyons que cette décision fut le dernier acte administratif de Godefroi en faveur de notre abbaye. Ce grand prélat, en effet, qui, en 1153, avait recueilli le dernier soupir de saint Bernard, fut si touché du spectacle dont il avait été témoin, que dès lors il prit la résolution de quitter son

---

1. Cartulaire de Longuay, fol. 106.

siége. Mais il n'obtint qu'avec peine, en 1163, du pape Alexandre, qui voulait le faire son légat auprès du roi de France, la permission d'éxécuter son pieux dessein. Ayant enfin obtenu cette permission, il se démit de son siége, et se retira à Clairvaux, ne se réservant qu'une rente de 50 livres, monnaie de Tours. Un an après sa retraite, Godefroi mourut saintement à Clairvaux, dans une cellule qu'il s'était fait construire près de celle de saint Bernard [1].

Cependant l'abbé Gui avait précédé d'un an l'évêque de Langres dans la tombe. Après avoir gouverné l'abbaye pendant quatorze ans, il mourut en 1163, et alla recevoir au ciel la récompense de ses travaux. Quand on lui eut rendu les derniers honneurs, la jeune famille cistercienne dut songer à lui choisir un successeur et à se donner un Père. Nous allons dire comment on pourvut au remplacement de Gui.

On commença par la messe du Saint-Esprit, à laquelle tous les religieux reçurent la sainte Communion. De l'église on se rendit ensuite à la salle capitulaire. Là, le grand chantre lut à haute voix le chapitre de la règle intitulé : Quel doit être l'abbé ; ensuite le président d'âge fit un discours

---

[1]. Histoire des évêques de Langres.

analogue à la circonstance, et entonna le *Veni Creator*. Après la dernière strophe de l'hymne, les religieux nommèrent trois scrutateurs, puis vinrent tour à tour déposer leurs bulletins dans un calice placé sur l'autel.

Quand chacun des religieux eut déposé son vote, les scrutateurs se retirèrent emportant le calice pour opérer le dépouillement du scrutin. Cette opération terminée, les scrutateurs rentrèrent dans l'assemblée, et l'un d'eux proclama le résultat en ces termes : Frère Évrard a été élu abbé.

La proclamation faite, on donna lecture de plusieurs passages des bulles des souverains pontifes sur le régime abbatial ; et, la communauté ayant répondu : *Deo gratias,* le notaire ecclésiastique reçut des mains du sacriste les clefs de l'église, et les remit au nouvel élu, en disant : De l'autorité apostolique à moi confiée, je vous établis par la tradition de ces clefs dans le gouvernement du monastère de Longuay, au nom du Père, du Fils et du Saint-Esprit.

Les religieux vinrent ensuite les uns après les autres, suivant le rang de profession, s'agenouiller devant l'abbé, et, plaçant leurs mains jointes entre les siennes, lui dirent : Révérend Père, je vous promets obéissance jusqu'à la mort suivant la règle de saint Bernard. L'abbé les releva et les embrassa en disant à chacun d'eux : Que Dieu vous donne la vie éternelle. Cette cérémonie d'obédience étant accomplie, Évrard entonna le *Deus, in adjutorium*, etc., puis le *Te Deum*, pendant le chant duquel on se rendit à l'église. Enfin le notaire publia l'acte de la cérémonie, et cet acte fut revêtu de la signature de tous les religieux [1].

Tel fut le cérémonial d'après lequel Évrard, premier du nom, fut élu deuxième abbé régulier de Longuay. Ce cérémonial n'est autre que celui que prescrit la règle de saint Bernard pour la promotion des abbés, c'est-à-dire la méthode qui fut durant tant de siècles en usage et en honneur dans l'Église universelle, pour la promotion des Évêques. Le nouvel abbé dut recevoir ensuite la bénédiction abbatiale.

Cependant Évrard ne jouit pas longtemps du bénéfice de son élévation, la mort l'ayant frappé l'année même où ses Frères l'élurent pour abbé. « Il n'est connu, disent les auteurs du *Gallia Christiana*, que par le Nécrologe domestique, où son

---

[1]. D'après la règle de saint Bernard, exposée dans l'*Histoire de l'Abbaye de Morimond*, par M. l'abbé Dubois. — Je prie M. l'abbé Dubois de recevoir mes remercîments pour la gracieuseté avec laquelle il m'a permis de profiter de son excellent livre, autant que l'exigerait cette Chronique.

nom est mentionné le 7 des ides de septembre, » jour de sa mort.

La pieuse colonie de Longuay voulant donner un successeur à Évrard Ier, que la mort avait si promptement ravi, et faire choix d'un homme de mérite, capable de la bien gouverner, élut pour abbé Raoul, Radulphus, surnommé Motoïers. Plusieurs chartes accordées à l'abbaye, divers autres documents, notamment les tables de la Crête, le citent, en effet, avec le titre d'abbé de Longuay. Raoul, que l'on appelait aussi « Frère de Viard, » marcha sur les traces de ses prédécesseurs, et ne mit pas moins de zèle et d'empressement à faire avancer et progresser la maison qui venait de lui être confiée.

L'abbé Raoul obtint d'abord du souverain Pontife Alexandre III une bulle confirmant les donations antérieures à sa promotion à la dignité abbatiale. Cette bulle, dont l'original se trouve aux archives du département de la Haute-Marne, mais dont nous n'avons pu, vu les outrages que ce document a reçus du temps, rétablir le texte intégral, mentionne le lieu même où la demeure des religieux était construite; elle rappelle et confirme, en particulier, la donation faite de la Lucine par les religieux de Cluny, la duchesse de Bourgogne, le vicomte Hugues de Laferté, ainsi que le droit d'usage sur toute la terre de la vicomté. Ce renseignement nous a été fourni par l'inventaire de 1748.

De nombreuses donations furent faites à notre abbaye durant le gouvernement de Raoul : nous rapporterons les actes principaux qui regardent cette époque [1].

« Moi, Gauthier, par la grâce de Dieu évêque de Langres, je veux faire savoir à tous présents et à venir que Godefroi du Til, avec l'agrément de son frère Ponce, a accordé et concédé à la maison de Longuay et aux Frères qui y servent le Seigneur, tout ce qu'il réclamait à ladite maison aux finages de la Lucine et de Créancey, et tout ce que la même maison tenait et possédait alors de son bien propre. Témoins : Raynauld, cellérier de Clairvaux ; Guiard Morier, et Gauthier. » Le même prélat accorda, en 1169, à l'église et aux religieux de Longuay le droit de prendre des mines de fer sur le finage de la Chaume et d'autres lieux adjacents. La Chaume, un village du département de la Côte-d'Or situé entre Lignerolles et Louesme, appartenait au domaine épiscopal. Gauthier accorda en outre l'autorisation « d'amasser le bois mort qui serait nécessaire aux usages de la maison. »

1. Cartulaire de Longuay.

En 1172, « Girard, sire d'Écot, donna et concéda à Dieu et aux Frères de Longuay l'aumône de tout ce qu'ils possédaient ou devaient posséder de ce fief que Geofroi Félomne tenait de lui, à Aubepierre, en toutes dépendances, leur donnant la propriété et tous les usages et aisances. » Or Geofroi était tenancier « du quart de la ville même avec ses appartenances en toute utilité et usage, comme l'ont attesté en notre présence (c'est l'évêque de Langres qui parle) Hugues, vicomte de Laferté, Givard Moriher, et d'autres personnes fidèles et de bon témoignage. Les témoins furent : Manassès, doyen ; Hugues de Rivière, archidiacre, et Pierre, doyen de Bar, etc., etc. »

Vers le même temps la maison de Longuay acquit des droits importants sur Foiseul, grâce à la libéralité de plusieurs personnages qui possédaient ce territoire. Barthélemy Choquille ; Viard Maupoil, qui pour sa part possédait le quart du finage ; Raoul de Manevilles ; Geoffroi-le-Gros ; Thiébault de Pruille et Raynier de Marac firent remise de tous leurs droits sur ce canton entre les mains de Gauthier, évêque de Langres, qui en disposa « en faveur de son bien-aimé fils Raoul, abbé de Longuay. » Dans le courant des années 1176 et 1177, d'autres personnes, notamment Haimon de Dancevoir, fils d'Aganon de la Chaume, et Renault de

Ville accrurent, par des donations nouvelles, l'importance de cette acquisition. A la même époque l'abbaye reçut aussi le droit de faire paître ses bestiaux de la ferme « qu'on appelle Champagne, » sur les territoires de Gurgy-la-Ville, de Lucey et de la Chaume, ainsi que le droit de pêche dans la rivière de Gevrolles. Mais il nous faut interrompre le récit de toutes ces donations, pour nous occuper d'événements d'un autre ordre, qui arrivèrent dans notre abbaye dans le courant de l'année 1174.

CHAPITRE V

Suite du gouvernement de Raoul. -- Voyage de saint Pierre de Tarentaise en France. -- Le prélat passe à Longuay. -- On n'a pas oublié saint Bernard. -- Cérémonies. -- Miracles. -- Donations nouvelles. -- Retraite de Raoul.

Il y avait onze ans que Raoul gouvernait l'abbaye de Longuay quand y arriva le fait le plus important de son époque, nous voulons dire le voyage que fit à Longuay saint Pierre, archevêque de Tarentaise. Ce saint prélat, qui maintes fois avait bien mérité de l'Église en réconciliant des princes de son pays, et dont la réputation s'étendait au loin, avait reçu du pape Alexandre III la mission de remettre en bonne intelligence les rois de France et d'Angleterre.

Depuis la paix de 1169, Louis-le-Jeune et Henri s'étaient brouillés de nouveau à l'occasion du mécontentement que le jeune Henri, gendre de Louis-le-Jeune, couronné depuis roi d'Angleterre, avait eu du roi Henri, son père. L'histoire nous apprend que le voyage de saint Pierre à travers notre patrie fut un véritable triomphe. Qu'on nous permette de rappeler une circonstance de ce voyage.

Comme saint Pierre était sur le point d'arriver à Chaumont-en-Vexin, où devait avoir lieu la rencontre des rois ennemis et du pacificateur, le roi d'Angleterre sortit de la ville pour aller au-devant de l'évêque. Aussitôt qu'il aperçut le saint prélat, il descendit de cheval, se prosterna devant Pierre et lui embrassa les pieds, malgré les efforts que la modestie et la confusion faisaient faire au saint pour l'en empêcher.

Cependant le saint archevêque n'ayant pas réussi dans la négociation de la paix pour laquelle le pape l'avait envoyé, se remit en route pour regagner son église. Ce fut durant ce voyage de retour, au terme duquel il ne devait pas arriver, que le saint archevêque de Moutier en Tarentaise passa par notre abbaye, en 1174, « à la prière de Gauthier, évêque de Langres, de l'abbé et de tous les religieux de Longuay. » Nous tenons ces détails, ainsi que les faits que nous allons rapporter, de Geofroi, abbé de Haute-Combe, qui vécut longtemps avec le saint archevêque, et qui l'accompagna dans ce voyage. Le même auteur nous apprend que le but de la démarche que saint Pierre avait été prié de faire, était la bénédiction d'un cimetière à Longuay, et la consécration d'un autel en l'honneur de saint Bernard dans l'église de notre monastère. Certes, il n'en fallait pas davantage pour déterminer le saint archevêque à s'arrêter dans un séjour où tout lui parlerait de saint Bernard ; de cet illustre abbé pour qui il avait eu, tandis qu'il vivait, une estime profonde et une particulière vénération; dont l'autorité l'avait décidé, en 1142, à accepter la charge d'archevêque de Tarentaise, et dont on célébrait, cette même année 1174, la canonisation.

Donc « au jour convenu, dit Geofroi [1], le Pontife attendu avec une si vive impatience, appelé par tant de vœux, fit son entrée dans le monastère de Longuay. De tous côtés on accourut pour assister à la solennité et pour contempler les traits vénérables d'un Pontife de si grand renom. L'affluence fut telle que les vieillards déclaraient n'en avoir jamais vu de semblable. »

« Or, il arriva, continue Geofroi, que le tentateur trouvant l'occasion favorable à ses noirs desseins, persuada à quelqu'un de cette foule pressée de dérober une croix d'argent. Cette croix, à la vérité, était d'un poids assez peu considérable;

1. Vie de saint Pierre, archevêque de Tarentaise, par Geofroi, abbé de Haute-Combe.

mais une circonstance lui donnait un grand prix : elle contenait une parcelle de la croix du Seigneur. Les religieux ne tardèrent pas à s'apercevoir qu'un vol sacrilége avait été commis à leur préjudice ; aussitôt ils racontèrent le fait au saint archevêque. Celui-ci n'hésita pas à anathématiser le coupable, lui défendant au nom du Christ de sortir du territoire du monastère, avant d'avoir restitué la croix. Cette croix, s'écria-t-il en s'adressant à la foule où se cachait le coupable que nul ne connaissait, celui qui l'a soustraite ne pourra l'emporter. L'événement justifia bientôt la déclaration du prélat. »

« Cependant le voleur resta jusqu'au lendemain sur les dépendances de l'abbaye, espérant que, l'évêque parti, il pourrait s'esquiver emportant sans difficulté le fruit de son larcin. Le lendemain, saint Pierre quitta, en effet, l'abbaye, mais l'espérance criminelle du voleur fut déçue. Car quelques efforts qu'il eût faits pour réussir dans son entreprise, il ne put en aucune façon sortir du territoire du monastère, avant d'avoir remis sur l'autel la croix qu'il y avait soustraite. »

« Une femme ayant aperçu un vase de bois le convoita ; aussitôt elle s'en empara et le cacha soigneusement dans l'intention de l'emporter avec elle. Elle essaya en effet ; mais tout à coup elle fut punie par où la mort était entrée dans son âme.

Un nuage passa sur ses yeux, et elle sentit qu'elle devenait aveugle. Se voyant en si piteux état, elle appela un des frères, à qui elle rendit le vase qu'elle avait voulu voler. Aussitôt la malheureuse femme recouvra la vue. »

« Un autre voleur jeta au portier du monastère une chape qu'il avait dérobée : « Prends, dit-il, prends cette chape que je crois ensorcelée ; cent fois j'ai essayé de l'emporter, cent fois je n'ai pu y réussir, retenu que j'étais par une puissance invisible. »

« Un malheureux était possédé de deux démons, et depuis sept jours, il n'avait pris aucune nourriture, ni prononcé une parole. On l'apporta au prélat. Celui-ci ordonna au possédé de se calmer et de parler. Tout fut inutile ; l'esprit malin ne se rendit à aucune injonction. Alors Pierre, transporté d'une sainte indignation contre le cruel adversaire du genre humain, frappa rudement le jeune homme en pleine poitrine. Un des démons impurs s'échappa aussitôt de la manière et par la voie qui lui convenaient le mieux. Cependant l'autre démon restait toujours dans le corps du jeune homme. Alors le Pontife, qui avait accompli à l'extérieur du monastère la moitié de la délivrance, rentra en toute hâte dans l'oratoire, où, pour satisfaire à l'impatience de la foule, il imposa les mains au malheureux possédé. En ce moment, le jeune homme fut délivré, et ayant recouvré l'entier usage de la raison, il devint calme et parla. »

« Une mère infortunée apporta à l'homme de Dieu, dans l'église du monastère de Longuay, son fils qui, depuis trois ans, était sourd et muet. Le Pontife donna sa bénédiction à l'enfant, et quand celui-ci eut recouvré l'ouïe et la parole, il le rendit à sa mère. »

Tels sont les faits dont le ciel daigna réjouir les pieux habitants de Longuay, durant le rapide séjour que fit dans notre abbaye le saint archevêque de Tarentaise.

L'année qui suivit le passage de saint Pierre, c'est-à-dire en 1175, l'abbaye de Longuay fit l'importante acquisition de la « grange » de Grandbois, qui appartenait précédemment aux religieux de Châtillon. Voici l'acte par lequel l'abbé Antelme céda les droits de sa maison à l'évêque de Langres, qui en fit à son tour remise à l'abbé Raoul :

« Je, Antelme, appelé abbé de Châtillon, veux notifier comme certain que, du consentement de tout notre Chapitre, nous avons concédé, en notre Chapitre, à notre seigneur Gauthier, par la grâce de Dieu évêque de Langres, la métairie de Grandbois, qui consiste en terres cultivées, terres incultes, eaux et pâturages, avec toutes ses dépendances, aisances et usages. Lequel Gauthier, pour le salut de son âme et de celles de ses prédécesseurs, a cédé de plein gré, en présence de tout le couvent réuni en notre Chapitre, ladite métairie telle qu'elle lui avait été remise en toutes utilités et usages, avec toutes ses appartenances en bois, plaines, eaux et pâturages, à la maison de Longuay, et en a donné, par son anneau, avec l'assentiment et l'approbation de tout notre Chapitre et sans aucune restriction, l'investiture au seigneur Raoul, abbé de Longuay. » L'évêque de Langres donna aussi une charte attestant cette donation, qui fut approuvée aussi, en 1176, par Étienne, évêque d'Autun, et par Odon ou Eudes, duc de Bourgogne. Outre que le duc approuva par une charte scellée de son sceau la donation dont nous venons de parler, il s'engagea à prendre cette métairie sous sa protection spéciale.

En 1177, Engelbert, abbé de Molême, fit donation à l'abbaye de Longuay, entre les mains du cardinal Pierre, légat du Siége Apostolique, « de la terre de Villey avec tout le territoire et tout ce que Molême y possédait canoniquement, » excepté toutefois, dit l'acte, « le chemin allant à notre moulin, qui est situé sur la rivière d'Aube. » Le don fut fait sous la condition que les religieux de Longuay paieraient un cens annuel de 6 livres, monnaie de Troyes, en la fête de sainte Marie-Madeleine. A cette occasion le légat Pierre adressa au couvent de Longuay une lettre portant pour suscription : Pierre, par la grâce de Dieu, cardinal prêtre du titre de Saint-Chrysogone, légat du Siége Apostolique, à nos frères et amis bien-aimés en Jésus-Christ, Raoul, abbé, et tous les religieux de Longuay, » et le reste comme dans l'acte de donation. L'année suivante, en 1178, l'évêque de Langres, Gauthier, approuva et confirma la donation de Villey. Un autre prélat, Guichard, archevêque de Lyon et légat du Siége Apostolique, avait, dès 1177, confirmé et approuvé cette donation. Nous n'avons pas trouvé d'acte auquel aient concouru plus d'éminents personnages ecclésiastiques, et qui ait été entouré de plus de solennité.

Sur ces entrefaites l'évêque Gauthier voulant finir saintement ses jours, se déchargea du fardeau de l'épiscopat, et se retira dans sa chartreuse de Lugny, où il passa à une vie meilleure, en 1179, après avoir pris l'habit de saint Bruno. La même année, Manassès, doyen de la cathédrale de Langres, fut élu évêque à la place de Gauthier. Ce fut cet évêque qui fit ouvrir, en 1180, le tombeau de saint Vorles, à Châtillon-sur-Seine, pour en vérifier de nouveau les reliques. Plusieurs abbés, au nombre desquels l'abbé Raoul et le prieur de la chartreuse de Lugny, assistèrent à cette cérémonie.

Quelques années plus tard Raynier de Marac donna en aumône à l'église de Longuay tout ce qu'il possédait à Aubepierre, et tous ses pâturages de Coupray, consistant en bois et plaines, tant ce qui était en sa possession que ce que d'autres tenaient de lui. Le même personnage donna, en outre, un droit de pâturage « pour cinquante brebis au moins sur les finages d'Ormancey et de Marac, et tout ce dont les bergers auraient besoin dans la plaine et les bois desdits finages. » Les dommages causés par les bestiaux étaient portés à la charge des Frères de Longuay. Cet acte, qui est de 1185, fut signé par David de Baix, Hugues de Sirefontaine, prêtre, Hugues de Rouvres et par plusieurs autres personnages. Tous les enfants de Raynier, excepté Josbert qui ne voulut pas signer pour la concession d'Ormancey et de Marac, approuvèrent cette double donation. Dans le même temps Marie de Baix, femme de Raynier, donna à Longuay tout ce qu'elle possédait à Aubepierre.

D'autres chartes se rapportant aux années 1186, 1187, 1190, constatent : un échange fait entre Ermenold, fils de Lambert-le-Noir, qui donne à l'église de Longuay tout ce qu'il possède à Rouvre, à savoir des prés, des terres incultes, une vigne, et Raoul, abbé de Longuay, qui, du consentement de Gislebert, prieur, et de tout le Chapitre, donne trois vignes à Ermenold. La charte fut donnée par Pierre, doyen de Bar-sur-Aube. La donation, en 1187, d'un pré dit du Colombier, faite par un nommé Hugues ; de divers droits de pâturage, par Simon de Clefmont ; une autre concession de même nature que cette dernière, faite, en 1190, par Hugues, duc de Bourgogne, et confirmée par son fils Eudes.

Une acquisition importante signala les derniers temps de l'abbatiat de Raoul, nous voulons dire celle de droits considérables que Hugues de Brion accorda à notre maison sur le territoire d'Aubepierre. Hugues donna à Dieu et à Sainte-Marie de Longuay tout ce qu'il possédait sur ce territoire, et qui consistait en rien moins que le quart de la ville : prés, terres cultivées et incultes, eaux, pâturages et bois, y compris les serfs qu'il avait à Aubepierre, en laissant toutefois à ceux-ci la liberté de revenir à lui s'ils le voulaient. Mais dans ce cas ils devaient abandonner à l'abbaye de Longuay les biens dont ils étaient tenanciers [1].

Cependant Raoul, désireux de calme et aspirant à une solitude plus profonde, se démit, vers l'an

---

1. Cartulaire de Longuay, passim.

1190, de la dignité abbatiale. Il vécut quelques années encore, confondu dans la même obscurité que ceux qu'il avait gouvernés pendant plus de vingt-sept ans. Toutefois on ne put oublier aisément qu'il avait porté la houlette pastorale, car nous le trouvons mentionné sous le titre « d'ancien abbé » dans plusieurs chartes de notre abbaye, et dans plusieurs autres, aux années 1197 et 1198, se rapportant aux abbayes de Clairvaux et Quincy.

CHAPITRE VI

Arnaud succède à Raoul dans la charge abbatiale. -- Une charte de Garnier, évêque de Langres. -- Donations diverses. Pierre de Courtenay, comte de Nevers. -- Concessions et donations. -- Chartes confirmatives. -- Une maison à Bar-sur-Aube. -- Concessions et échanges. -- On répare l'église de Longuay ; attestation du sire de Nogent. -- Le comte de Champagne, défenseur de notre Abbaye. -- Accords divers ; donations. -- L'ancien évêque de Langres et l'abbé de Clairvaux jugent un différend entre l'évêque de Langres et nos Frères. -- Charte de l'évêque d'Auxerre. -- Résumé. -- Nous sommes aux beaux temps de l'Abbaye. -- Nous allons étudier la vie intérieure des religieux.

L'abbé Raoul ayant, comme nous l'avons dit précédemment, donné sa démission après vingt-sept ans d'un sage gouvernement, le Chapitre de Longuay élut pour lui succéder le Frère Arnaud. Tel est, en effet, le nom sous lequel plusieurs chartes accordées à notre abbaye, pendant que Raoul, l'ancien abbé, vivait encore, désignent le successeur de l'abbé démissionnaire.

Dès les premières années de son administration, en 1192, Arnaud obtint de Gilbert de Romille, moyennant la somme, une fois donnée, de 25 livres, la cession d'un pré situé à Ormoy et dit « pré du vicomte de Latrecey [1] ; » et en 1193, il obtint de Garnier, évêque de Langres, une charte confirmative de donations antérieures [2].

Ce document résume « plusieurs aumônes faites entre ses mains à l'église de Longuay par plusieurs fidèles du Christ, dont il a jugé bon de rapporter les noms avec les donations. » Nous voyons par cette charte que « tous ces fidèles du Christ, » qui sont mentionnés comme bienfaiteurs de l'abbaye, étaient des habitants de la commune d'Aubepierre, et que leurs donations se rapportent tant au finage de ce lieu, qu'à ceux de Dancevoir et de Montribourg. Toutefois nous y avons vu le nom d'une femme, que l'on surnommait « la Reine de Dancevoy, » et qui donna « en aumône à Dieu et à l'église de Longuay 4 deniers de cens qu'elle tirait pour deux maisons. » Le cens était ainsi réparti : 2 deniers pour la place sur laquelle était construite la maison d'un nommé Vincent, de Dancevoir ; 2 de-

1. Cart. Long., fol. 53 et 138. — 2. Id., fol. 96.

niers pour une autre habitation construite auprès de l'eau. En outre, la Reine de Dancevoy légua à la maison de Longuay tout ce qu'elle possédait à Dancevoir. Une première donation de ce bien fut faite entre les mains de Raoul, alors abbé de Longuay, puis une seconde, en 1193, entre les mains de Garnier, évêque de Langres, celui-là même qui avait été autrefois moine dans notre abbaye.

L'année suivante, Vautrin de Bellemaison donna, avec quelques restrictions, à l'abbaye de Longuay, tout ce qu'il possédait à Aubepierre ; Thiébaut et Thibald, de Dancevoir, Albéric, fermier à Dancevoir, donnèrent chacun un ou plusieurs prés [1]. En 1195, plusieurs personnages accordèrent des droits de pâturage sur les territoires de Rouvres et de Louesme [2]. Nous voyons, de plus, par une autre charte de Garnier, que Raynauld d'Aysanville ayant donné à l'abbaye, dès l'an 1176, entre les mains de Raoul, alors abbé de Longuay, ses dîmes sur Foiseul et généralement sur tout ce qu'il possédait dans ce finage. Cette donation fut confirmée, en 1195, par la mère, la femme et les enfants de Raynauld, en présence d'Aganon d'Aysanville et de Dom Raoul, autrefois abbé de Longuay [3]. Une foule d'autres donations, concessions, remises de rede-

---

1. Cart. Long., fol. 98. — 2. Id., fol. 20. — 3. Id., fol. 55.

vances se rapportent à ces années : il ne nous est guère possible de recueillir tous ces détails [1].

Ce fut à la même époque, en 1194, que le comte de Nevers, Pierre de Courtenay, adressa aux religieux une charte ainsi conçue : « Moi, Pierre de Courtenay, comte de Nevers, je fais savoir à tous présents et futurs que Raoul, boutciller, et sa femme Aneline se sont rendus eux-mêmes, avec leur ferme et tout ce qu'ils possédaient en aisances et usages, à Dieu et à l'église de Longuay. Et moi, pour le salut de mon âme et celui de mes prédécesseurs, et principalement pour le salut de la comtesse Agnès, j'ai approuvé et accordé ce qu'ils ont fait. Quant aux Frères de Longuay, qui ont déjà fait un office complet pour la comtesse, ils devront faire réciter pour le repos de son âme une oraison à la messe quotidienne *pro defunctis*. Ma fille Agnès a approuvé ceci. L'an du Verbe incarné 1194 [2]. »

Aux années 1196, 1197, 1198 se rapportent : la confirmation de chartes antérieures faite par Garnier, évêque de Langres [3] ; la donation faite par le prêtre Gillebert de ce qu'il tenait de Sainte-Eulalie, approuvée par le prieur Robert, et attestée par Ber-

---

1. Cart. Long., fol. 108, 109, 74. — 2. Id., fol. 39. — 3. Id., fol. 20.

nard, doyen de Bar [1] ; et enfin une autre charte de Garnier, rappelant avec beaucoup de détails des donations antérieures [2]. Dans le même temps, paraît-il, quelques querelles s'étaient élevées entre les bergers de l'abbaye d'Auberive et ceux de l'abbaye de Longuay, et l'on fut obligé d'établir des limites précises que les uns et les autres ne devaient pas faire franchir à leurs troupeaux. Un accord passé, en 1198, entre les chefs des deux maisons, divisa en deux sections bien tranchées les territoires à parcourir, qui jusqu'alors avaient probablement été considérés comme supportant des droits communs aux deux abbayes [3].

Dès ce temps, ou peut-être déjà avant cette époque, mais certainement en 1198, l'abbaye de Longuay possédait une maison à Bar-sur-Aube. Quelle était cette maison et quel en était le but? Rien n'a pu nous l'indiquer, et nous sommes réduit à la conjecture que c'était comme une succursale de charité, et à la fois un point central d'où les Frères qui y résidaient, pouvaient surveiller les droits de l'abbaye en ces parages. Le Cartulaire nous fournit quatre chartes attestant des donations de bois faites, en 1198 [4], aux Frères de Longuay « pour leur

[1]. Cart. Long., fol. 28. — [2]. Id., fol. 77. — [3]. Id., fol. 19. — [4]. Id., fol. 26.

maison de Bar. » Sous le gouvernement de l'abbé Arnaud, aux années 1200 et 1206, d'autres donations de cette nature furent encore faites à nos Frères, à l'occasion de cette même maison. Nous allons les grouper ici, bien que la mention que nous en faisons en ce moment altère l'ordre chronologique.

Donc, en 1200, une querelle s'éleva entre un nommé Théodoric et les Frères de Longuay, à l'occasion d'une place que ceux-ci réclamaient comme leur appartenant, et sur laquelle une habitation avait été construite. L'affaire s'arrangea toutefois, et les Frères abandonnèrent à perpétuité la place à Théodoric et à ses héritiers, à condition qu'ils paieraient une redevance annuelle de 12 deniers à la maison de Bar, le dimanche de la mi-carême. Les témoins furent : Thiébaut, cellérier; Fr. Hugues, *marchand* à Longuay ; un prêtre nommé Henri, et Évrard de la Porte.

Par une autre charte, le doyen de Bar, Bernard, atteste « que Pierre, fils d'Auburge, a donné en aumône à Dieu et aux Frères de Longuay 9 deniers de cens que les Frères lui devaient pour une partie de leur maison de Bar, et 3 deniers pour une vigne qu'ils possédaient aux environs de la même ville [1].

1. Pour ces donations diverses, Cart. Long., fol. 28.

L'année suivante, les Frères de Longuay reçurent d'Elisabeth, femme de Robert l'Orgueilleux, la remise de 10 sous de redevance sur la grande vigne de Tors. »

Rivard, chevalier de Colombey, donna, comme l'attestent quatre chartes se rapportant à l'année 1206 [1], à l'abbaye de Longuay une partie de la forêt de Colombey-les-deux-Églises, et de plus, le droit de tracer un chemin de voiture dans toute la forêt, pour que les Frères puissent, de la partie de la forêt qui leur avait été donnée, conduire à leur maison de Bar tout le bois qui y sera nécessaire.

Cependant notre abbaye ne pratiquait pas uniquement la voie des aumônes, mais aussi celle des concessions et des échanges. C'est ainsi qu'en 1198, « l'abbé Arnaud céda à Baudoin, chevalier de Sirefontaine, et à sa femme Béatrix, l'usage d'un pré situé auprès de Pont. » Cette [2] concession, toutefois, ne devait avoir d'effet que pour le temps de la vie de Baudoin et de Béatrix : après quoi les Frères rentreraient dans leurs droits sur ce pré que, du reste, Baudoin et Béatrix avaient antérieurement donné à notre abbaye pour le repos de l'âme de leur père. « Et pour qu'il soit bien évident, dit

1. Cart. Long., fol. 27. — 2. Id., fol. 67.

l'acte, que ledit pré appartient à la maison de Longuay, Baudoin et Béatrix donneront chaque année à la maison de Longuay une voiture de foin provenant de ce pré. » L'année suivante, en 1199, Hugues de Bricons et l'abbé de Longuay passèrent un accord à propos de certains droits sur les finages de Cour-l'Évêque, de Créancey et de Montribourg, et réglèrent, par des échanges, quelques difficultés qui avaient surgi au sujet du droit de pâturage [1].

Cette année, la dernière du siècle qui avait vu jeter les fondements de notre abbaye, on fit à l'église et à la maison de Longuay des travaux et des réparations considérables. En cette occasion la charité publique vint aider les Frères, et leur donner les ressources nécessaires pour accomplir leurs importants travaux. Par une charte scellée de son sceau et donnée en 1199, Raynier, sire de Nogent, atteste que « Enfroi de Lanqua et sa femme Ersende ont donné, du consentement de leur fils Jean et de Marguerite, leur fille, à Dieu et aux Frères de Longuay, pour la guérison de leurs âmes et de celles de leurs prédécesseurs, tous les pâturages et aisances, le bois mort et le bois vert dans tout le finage de Lignerolles. Quant à la partie de la forêt qui est au-delà de *Gurgeolum*, les Frères y pourront

1. Cart. Long., fol. 86.

prendre tout le bois vert qui leur est nécessaire pour réparer le dortoir et l'église, et aussi pour construire ou réparer l'hospice. » En retour les Frères promirent « qu'à la nouvelle de la mort de leurs bienfaiteurs, ils célébreraient pour eux l'office divin comme ils font pour un de leurs moines [1]. » Évrard, archidiacre de Dijon, approuva cette donation [2]. Dans le même temps, différentes concessions se rapportant au territoire de Lignerolles, reçurent également confirmation [3].

Nous avons rappelé plus haut les faits qui se rapportent à l'an 1200, et nous passons immédiatement à l'an 1201. La charte la plus importante de cette année, et même, en tant qu'elle émanait de l'autorité la plus considérable, après l'autorité royale, dans la hiérarchie féodale, de toutes celles qui avaient été accordées jusqu'alors, est celle du comte de Champagne. Ce document, qui confirme les donations antérieurement faites à notre abbaye, et accorde de nouveaux droits sur le territoire d'Aubepierre, est ainsi conçu :

« Moi Thibaut, comte Palatin de Troyes, à tous présents et à venir je notifie que, pour le salut de mon âme et le salut de mes prédécesseurs, j'ai approuvé et confirmé toutes les chartes que possè-

---

1. Cart. Long., fol. 140. — 2. Id., fol. 136. — 3. Id., fol. 136, 137.

dent les Frères de Longuay, et les droits que ces chartes leur confèrent sur la ville et le finage d'Aubepierre... En outre, je prends spécialement sous ma garde et protection l'église de Longuay, et m'engage à la défendre, ainsi que tout ce qui lui appartient, contre les tentatives des méchants... En foi de quoi j'ai fait et muni de mon sceau la présente charte. Fait en l'an de l'incarnation du Seigneur 1201 [1]. »

Un personnage nommé Pierre, et qui était maire de Châtillon, et son fils Lambert, possédaient à Époisses, le long d'un pré appartenant à l'évêque de Langres, un bien que les titres nous font connaître sous le nom de *Battantes*. Une charte de Robert, évêque de Langres, et de Eudes, duc de Bourgogne, nous apprend que Pierre et son fils Lambert, avec l'approbation et l'agrément de l'évêque et du duc, firent à Dieu et à l'église de Longuay l'aumône perpétuelle de 20 sous, monnaie de Dijon, à percevoir annuellement sur les revenus de ce bien. Le tenancier de ce bien, quel qu'il soit, devra payer cette redevance aux Frères de Longuay en la fête de saint Remi ; s'il n'est pas exact à remplir cette condition, il sera passible d'une amende de 5 sous, que les Frères seront toutefois libres de

---

1. Cart. Long., fol. 100.

— 89 —

lui remettre. Cette donation est datée de 1203 [1].

A la même année et aux suivantes, c'est-à-dire 1208 et 1209, se rapportent : une charte de Robert, évêque de Langres, attestant que Gui, clerc d'Ormoy, a donné et concédé à Dieu et aux Frères de Longuay « toutes les dîmes de toutes les terres du finage d'Ormoy, lesquelles ils ont déjà acquises ou qu'ils pourront acquérir à l'avenir par aumônes, moyennant qu'ils lui rendront chaque année 3 *sextiers* de blé, moitié froment, moitié orge. » Gui reconnaît ensuite « qu'il a vexé injustement les Frères de Longuay qui habitent Foiseul, » et il déclare qu'ils ont le droit de faire paître leurs bestiaux sur le territoire d'Ormoy. Enfin il donne aux Frères 4 journaux de terre [2]. — Une simple quittance de 18 sous [3] que Constant de Veigny devait à l'abbaye « pour la maison Chavel, la maison Gerbelot, la maison Isabelle, et une terre qui se trouve devant sa propre demeure. »

Au commencement de l'année 1210, une difficulté assez grave s'éleva entre les religieux de Longuay et l'évêque de Langres, Guillaume de Joinville, au sujet de donations et aumônes que les évêques ses prédécesseurs avaient faites à notre abbaye. Les religieux furent obligés de réclamer à

1. Cart. Long., fol. 17. — 2. Id., fol. 43. — 3. Id., fol. 29.

Guillaume, qui refusait d'accepter une aussi lourde charge : 300 livres, que leur avait autrefois accordées Garnier de Rochefort ; 10 livres et 3 boisseaux de blé, 1 de froment et 2 d'avoine, que leur avait octroyés Hilduin, de bonne mémoire, et enfin 60 livres que Robert, dernier évêque de Langres, leur avait données. De son côté Guillaume réclama la mine de fer de la Chaume, et une forêt que les religieux avaient eux-mêmes défrichée. Comme on ne parvint pas à s'entendre, l'affaire fut soumise à l'arbitrage de Garnier, ancien évêque de Langres, retiré à Clairvaux, et de l'abbé et des celleriers de Clairvaux. Ceux-ci ayant tout mûrement examiné établirent des conditions auxquelles les deux parties souscrivirent : ce qui eut lieu en la fête de saint Jean devant la porte latine, 6 mai 1210 [1]. Deux ans après, l'évêque fit une nouvelle donation de la mine de fer de la Chaume, conformément à ce qu'avaient fait ses prédécesseurs de bonne mémoire Godefroi et Robert [2].

La même année 1210, nos Frères acquirent encore de Roger de Chalencey les pâturages de toutes les terres que Roger possédait à Rouvres. Ils furent de plus autorisés, dans le cas où leurs bergers voudraient construire une maison, à pren-

1. Cart. Long., fol. 15. — 2. Id., fol. 15.

dre dans ses bois tout ce qui leur serait nécessaire à cet effet [1].

Dans le même temps les religieux de Longuay reçurent une charte de l'évêque d'Auxerre [2], à propos d'un échange de maisons situées en cette ville. Guillaume, c'est le nom de l'évêque, atteste « que Milon et Jean, fils de défunt Pierre, ont donné aux Frères de Longuay les maisons qu'ils possédaient au-delà du pont, avec un bien y attenant, et qu'ils possédaient par droit héréditaire du chef de leur aïeul Jean, autrefois prévôt. En retour les Frères de Longuay ont donné à Milon et à Jean leur maison du bourg Saint-Pierre, à Auxerre, plus 100 livres, monnaie d'Auxerre. » Cet échange fut fait par l'entremise du Fr. Huon, cellérier, et de F. Lambert, de l'abbaye de Longuay.

Les actes qui se rapportent aux années 1211, 1212, 1213, 1214 et 1215, c'est-à-dire aux dernières années de l'administration de l'abbé Arnaud, n'attestent guère que des remises de redevances que les religieux avaient à acquitter sur certains biens antérieurement concédés, et l'acquisition de droits de pâturages sur le territoire de Coupray [3]. Cependant nous devons mentionner une aumône

---

1. Cart. Long., fol. 21. — 2. Id., fol. 39. — 3. Id., fol. 19, 44, 34.

que firent à l'abbaye de Longuay Haimon, sire de Rouvres, et Girard, son frère, chevaliers, à savoir de « 3 moitons de blé à prendre annuellement sur une terre située à Louesme, et ayant appartenu au sire Jérémie. Le blé sera donné tel que ladite terre le produira. De son côté Girard donna en outre un moiton sur ses terres de Louesme, un de froment, un d'avoine [1]. »

Cette acquisition fut un des derniers actes de l'administration de l'abbé Arnaud. Il mourut, en effet, dans le courant de l'année 1215, et fut remplacé dans la dignité abbatiale par le Frère Huon, qui remplissait alors, comme nous l'avons vu précédemment, les fonctions de cellérier à Longuay.

L'abbaye que le F. Huon était appelé à diriger, avait déjà, comme on a pu le voir, acquis une importance considérable et des droits fort étendus. Placée sur les limites de la Champagne et de la Bourgogne, elle recevait les dons des seigneurs appartenant à l'une et à l'autre province ; et en tant que fille de Clairvaux, elle recevait une large part des libéralités des évêques de Langres, dont plusieurs, tels que Godefroi de Rochetaillée et Garnier de Rochefort, appartenaient à l'Ordre cistercien.

1. Cart. Long., fol. 18, attest. du sire de Nogent.

Tel fut le mouvement imprimé aux affaires temporelles de Notre-Dame-de-Longuay qu'au moment où Huon succéda à l'abbé Arnaud, notre abbaye possédait, outre les biens et les droits qui lui avaient été concédés sur les territoires des communes les moins éloignées, savoir : Aubepierre, Rouvres, Gurgy, Lucey, Lignerolles, la Chaume, Dancevoir, Ormoy, Latrecey, Montribourg, Créancey, Cour-l'Évêque, Coupray, Arc et sur la rivière d'Aujon en allant du côté de Giey, possédait, disons-nous, des droits et des propriétés jusqu'à Ormancey, Marac, Autreville, Bar-sur-Aube, à Colombey-les-deux-Eglises, et en Bourgogne, à Louesme, à Châtillon-sur-Seine et jusqu'à Auxerre.

Nous sommes arrivés, croyons-nous, au plus beau temps de notre abbaye, soit que nous la considérions dans son développement extérieur, auquel les siècles suivants n'ajouteront guère, soit que nous l'envisagions dans la ferveur de ses pieux habitants. Sous ce dernier rapport, les seuls documents que nous ayons pu consulter, ne nous fournissent pas, à la vérité, des renseignements précis et détaillés ; mais nous pouvons arriver, par voie de déduction, à cette certitude que la maison de Longuay était en ces temps-là de tous points florissante, et que les religieux, profès et convers, y suffisaient amplement à tous les besoins.

Mais il est temps que nous pénétrions, pour ainsi parler, plus intimement dans notre sujet, et que nous étudiions la vie des religieux, de ces hommes cachés au monde sous le froc monastique, et servant Dieu dans le silence, l'obscurité, l'abnégation, et au sein des labeurs quotidiens que la règle leur imposait.

CHAPITRE VII

Connaître un homme ce n'est par en connaître uniquement les traits. -- On applique cette comparaison anx instituts religieux, et l'on recherche leur principe vital.-- La Foi, nerf de la vie claustrale. -- Prix et distribution du temps. -- Le Dortoir. -- L'office de la nuit. -- Ravissantes harmonies. -- Les Laudes. -- Chapitre èt coulpe.-- Une leçon à recueillir. Tierce ; la messe. -- Paix et communion. -- Sexte ; le dîner. -- Promenade au cloitre.-- None.-- Le travail aux champs.-- Complies; le coucher. -- Particularités : soin des malades ; respect des morts.

Le corps n'est que notre enveloppe visible : ce qui constitue proprement l'homme échappe à nos regards ; nous ne pourrions dire en stricte vérité que nous connaissons un homme si nous ne connaissions de lui que cette forme sensible. Car cette forme, bien loin de laisser constamment apparaître les rayons de la flamme intérieure, met souvent en défaut notre perspicacité... Heureux encore si les cruelles expériences de la vie n'ont pas quelquefois amené sur nos lèvres, alors que notre esprit se reportait vers des jours qui ne sont plus, et quelque ami que nous avions jugé digne de toute notre confiance, un triste aveu : oh ! je ne le connaissais pas ! Au surplus, la valeur de l'homme n'est point dans ces accidents périssables ; elle est toute dans sa vie intime, « dans la parole qu'il se dit à lui-même. »

De même nous connaîtrions mal les institutions religieuses, si nous ne considérions que la forme extérieure, et pour ainsi dire territoriale, que les siècles passés leur ont donnée. Un agrandissement si rapide et si peu conforme à ce qui se passe ordinairement dans les affaires de ce monde, révèle assurément la puissance de quelque principe intérieur d'activité. Mais il faut que nous sachions bien quel est ce principe, et d'où lui vient cette autorité qui rendit les riches de ce monde confiants dans ces institutions.

La source de cette vie intérieure est toute surnaturelle, et n'est autre que la Foi : la Foi, qui détermina tant d'hommes, ignorés aujourd'hui, à renoncer au monde et à ses douces et légitimes espérances, pour venir se consacrer, ici-même, au soin des pauvres et des malades ; qui leur donna le courage d'assouplir leur volonté aux exigences de la vie claustrale, et qui garda pendant de longs jours, dans leurs cœurs, sa vivacité et ses ardeurs fécondes.

Il convient donc, il est nécessaire même que nous examinions dans le détail cette vie du cloître, qui était comme le foyer de la foi de ces moines, c'est-à-dire le nerf de cette puissance intérieure qui s'épanouissait au dehors, répandant de tous côtés le suave parfum des bons exemples, et qui allait, par une loi providentielle, inspirer aux heureux de ce monde la pensée de faire d'abondantes et généreuses aumônes « à Dieu et à l'église de Sainte-Marie de Longuay. »

« Le temps est le prix du sang de Jésus-Christ, et chaque minute du temps vaut une éternité : » aussi dans la communauté de Longuay, ainsi que cela se pratique dans toutes les maisons religieuses, « le temps était-il distribué avec un ordre et une précision admirables ; les exercices s'y renouvelaient chaque jour avec l'inflexible uniformité des corps célestes, qui obéissent aux immuables volontés de Dieu [1]. »

« Transportons-nous dans le dortoir, au moment où tous les religieux sont étendus sur leurs couches peu molles, rangées en lignes des deux côtés. A la

---

1. Nous avons puisé les éléments et presque tout le texte de ce chapitre dans l'histoire de l'abbaye de Morimond, par M. l'abbé Dubois. — Voir l'Appendice n° 5, §§ 2 et suiv.

lueur pâle et mourante d'une lampe, n'apercevez-vous pas leurs figures qui se détachent pâles dans l'ombre, sous leurs capuces à demi-relevés ? Ils dorment habillés, semblables au soldat qui repose sous les armes dans l'intervalle de deux batailles ; et leur sommeil est profond comme le sommeil du juste. »

« Le Sacriste seul n'est pas au milieu d'eux, mais à côté de l'église ; éveillé par son horloge régulatrice, il est allé attendre debout l'heure de sonner la grosse cloche. Cette heure variait selon la longueur de l'office ; en sorte que le réveil avait lieu tantôt à minuit, tantôt à une heure ou à deux heures du matin. La cloche sonne. A l'instant tous les moines se lèvent et font le signe de la croix, offrant à Dieu leurs âmes et la journée qui commence. » Bientôt après ils se glissaient un à un, sans bruit, à travers le cloître, les yeux inclinés vers la terre, la tête couverte, les mains enveloppées dans les manches de la cuculle, se rendant à l'oratoire. »

« En entrant, ils rejetaient leurs capuchons en arrière, s'inclinaient devant chaque autel qu'ils trouvaient sur leur passage, et se prosternaient jusqu'à terre devant le grand autel. Arrivés dans leurs stalles, ils s'agenouillaient, croisaient les bras sur la poitrine, récitaient l'Oraison dominicale, la

Salutation angélique et le *Credo*, puis tous se levaient au *Deus in adjutorium* et restaient debout, immobiles comme de blanches statues, pendant presque tout l'office qui se chantait en grande partie de mémoire. »

« Qui dira, s'écrie M. Dubois dont les propres paroles nous servent beaucoup en tout ceci, qui dira tout ce qu'il y avait de poésie sublime, de douce mélancolie, de ravissantes harmonies dans cette nuit religieuse que perçaient à peine les pâles reflets de la lampe du sanctuaire ; dans le chant de ces saints cénobites priant pour le monde enseveli dans le sommeil, tout à l'entour de leurs forêts ; dans ces voix de vieillards et de jeunes gens se mêlant dans les ténèbres au bruit du vent ! Les historiens du temps rapportent que les habitants des campagnes étaient tellement émerveillés de de cette symphonie nocturne, qu'ils ne croyaient rien exagérer en la comparant à la céleste mélodie des anges.

Dans l'intervalle qui séparait l'office de la nuit, ou Matines, de l'office de l'aurore, ou les Laudes, il y avait, surtout en hiver, un laps de temps assez considérable ; les religieux pouvaient alors ou rester dans leurs stalles en présence de Dieu, ou aller au cloître méditer la sainte Écriture, lire, étudier, apprendre le chant, les cérémonies et les rubriques. Aux premières lueurs du crépuscule les moines retournaient à l'église pour le chant des Laudes. Après les Laudes, il y avait un intervalle pendant lequel plusieurs Frères montaient au dortoir pour s'y laver et changer d'habit ; d'autres, transis de froid dans la saison rigoureuse, se renpaient au caléfactoire pour s'y réchauffer un peu et graisser leurs sandales.

Après les Laudes, l'intervalle que nous avons dit étant écoulé, se tenait le Chapitre. Le Chapitre, comme nous allons le voir, était une école d'humilité. Quand tous les moines avaient, chacun selon son rang, pris place à droite et à gauche, l'abbé paraissait au milieu de la salle du Chapitre, sur un siége plus élevé. On commençait par la lecture du Martyrologe ; on récitait ensuite les prières pour les trépassés, et on lisait une partie de la règle de saint Benoît. Puis il se faisait un profond silence, et là, sous les yeux de la communauté, en présence des saints que l'on avait conviés à ce spectacle digne d'eux, en face de la mort ellemême, le religieux qui s'était rendu coupable de la plus légère infraction se levait et confessait à haute voix sa faute. Ensuite il se prosternait de tout son corps, recevait sa pénitence et retournait à sa place, emportant l'espérance que Dieu agréerait sa confusion momentanée en présence de quelques Frères, et lui épargnerait celle du jour des vengeances en face du monde entier.

Il y a dans la confession qu'imposait la règle de Citeaux aux religieux coupables d'une infraction même légère, une leçon que nous ne devons pas négliger. Les austérités, les macérations, la multiplicité des prières ne peuvent, le croirait-on ? qu'enorgueillir l'homme si elles ne reposent pas sur l'humilité et au lieu de le conduire à sa fin l'en éloigner. Dieu, dit saint Augustin, est le plus élevé des êtres, et cependant, chose étonnante ! ce n'est qu'en nous abaissant que nous nous rapprochons de lui. Aussi tout dans le cloître tendait à faire prédominer cette vertu dans le cœur des Frères, et le Chapitre devait par-dessus tout atteindre ce résultat.

Au sortir du Chapitre, les religieux allaient travailler aux champs, armés de bêches, de râteaux et de sarcloirs. Ils rentraient à l'heure de Tierce pour chanter cet office et assister à la sainte Messe.

Les religieux qui n'étaient pas prêtres communiaient tous les dimanches et les principales fêtes. Voici dans quel ordre ils se présentaient à la sainte communion. Ils recevaient d'abord la paix du prêtre par le ministre de l'autel ; ce qui se faisait de cette sorte : le premier de ceux qui devaient communier se présentait au milieu du degré du *Pres-*

byterium et y recevait la paix du sous-diacre ; ensuite il la donnait lui-même au second, celui-ci au troisième, etc., *per osculum et amplexum;* s'embrassant et s'entredonnant la joue gauche avec modestie et gravité. Le dernier des profès portait ensuite la paix au premier des novices ; puis se joignant deux à deux, ils récitaient le *Confiteor* et le *Misereatur*, s'agenouillaient en se prosternant, recevaient la sainte hostie, et allaient ensuite prendre le précieux sang dans le calice, au moyen d'un chalumeau d'or. Lorsqu'ils étaient rentrés au chœur, le sacriste leur présentait du vin dans une coupe d'argent.

Après la Messe les religieux se retiraient de nouveau dans le cloître pour y lire et y méditer. A onze heures et demie, la cloche annonçait Sexte et ensuite le dîner qu'accompagnaient le plus rigoureux silence et la lecture de quelque livre de piété. Au sortir du réfectoire, où rien n'avait flatté la sensualité, ils allaient à l'oratoire, deux à deux, en récitant le *Miserere* ; après quoi, en été surtout, où le sommeil était si court et les jours si pesants, ils pouvaient faire une sieste d'environ une heure.

Bientôt la cloche sonnait pour les éveiller, et, en attendant None, ou ils restaient assis dans le cloître, ou ils entraient à l'oratoire. A deux heures et demie on chantait None, et au sortir de cet office, il était permis aux religieux de prendre un verre d'eau dans le réfectoire, avant de se rendre aux travaux des champs.

Nous allons dire la manière dont les religieux cisterciens se rendaient aux travaux des champs et quelle était la nature même de ces travaux. Aussitôt que l'heure était arrivée la crécelle claustrale donnait le signal du départ : tous les religieux se réunissaient au parloir ; là, le prieur les divisait par sections, autant que le nombre le comportait, réglait tout ce qui concernait l'ordre, le lieu et le genre des travaux, et leur distribuait les instruments nécessaires.

Rien n'exemptait de ces rudes labeurs, ni la naissance, ni les talents, ni le rang, et l'autorité ; la règle ne voyait dans tous les religieux que des enfants d'Adam qui, d'après l'antique malédiction, devaient gagner leur pain à la sueur de leurs fronts. Ces fils de grands seigneurs ne travaillaient pas avec l'indolence de l'amateur des champs qui, dans un beau jour, s'amuse à faner ses foins ou à sarcler ses blés : l'ardeur qu'ils y apportaient aurait fait croire que telle avait été l'occupation de toute leur vie. Que de fois la bêche et la houe déchiraient ces mains délicates accoutumées à tout autre travail ! que de fois ces âmes angéliques, renfermées dans le frêle vaisseau de corps débiles et épuisés par les austérités, se sentaient faillir à la peine ! Saint Bernard lui-même qui, à son début à Citeaux, avait tant de fois gémi et pleuré d'être trop faible pour scier le blé, aimait à raconter depuis à ses religieux, avec une certaine complaisance et dans la joie d'une victoire remportée, comment Dieu lui avait fait la grâce de devenir un bon moissonneur.

Non-seulement les religieux sciaient, ils levaient enx-mêmes toutes leurs moissons, et souvent ils apportaient les gerbes sur leurs épaules : on les voyait descendre le coteau, courbés par le faix, brûlant sous leur froc de grosse laine et le front ruisselant de sueur.

Leurs travaux étaient accompagnés d'un rigoureux silence, qui n'était interrompu que par le signal que donnait le prieur en frappant dans ses mains de temps en temps. Tantôt c'était pour annoncer un instant de repos : alors les Frères s'asseyaient autour du prieur, autant que le sol le leur permettait ; tantôt c'était pour les avertir d'offrir à Dieu leurs fatigues : alors ils appuyaient leurs fronts chauves sur le manche de leurs bêches ou de leurs râteaux, dans l'attitude de la méditation.

Lorsqu'un Frère, soit par excès de travail, soit par faiblesse naturelle, tombait de lassitude, il demandait au prieur la permission de se retirer quelques instants à l'écart, ramenant son capuce sur son visage et inclinant la tête, comme pour s'humilier et gémir de son impuissance et de sa misère. Un dernier signal annonçait le retour, et tous revenaient ensemble, deux à deux, silencieux et contents ; remettaient, en entrant, leurs instruments au prieur, à l'exception des ciseaux, des sarcloirs, des râteaux et des faucilles, qu'ils conservaient au dortoir, près de leurs lits, pendant tout le temps de la tonte des brebis, du sarclage, de la fauchaison et de la moisson.

Alexandre, roi de Macédoine, revenant de la bataille d'Arbelles, fit placer à ses côtés, pendant la nuit, son glaive et la couronne de Darius, et il s'endormit sous sa tente à l'ombre de ses lauriers. Il y a autant de grandeur héroïque et de gloire durable, plus de calme divin dans le sommeil du moine laboureur dormant sur sa paillasse, entre sa bêche et son râteau !

Au retour du travail des champs, les religieux chantaient les Vêpres ; puis ils partageaient un léger repas, composé du reste de leur pain du dîner, de quelques fruits crus, tels que radis, laitues, pommes ou poires que fournissait le jardin de l'abbaye. La journée se terminait par la lecture des Collations ou Conférences de Cassien et par les Complies, dont l'heure variait suivant celle à laquelle les religieux allaient se coucher, qui était sept

5.

heures en hiver, et huit heures en été. Après les Complies, l'abbé se levait et aspergeait d'eau bénite les Frères un à un, à mesure qu'ils sortaient de l'oratoire. Ils ramenaient alors le capuce sur la tête et se rendaient au dortoir, où, après s'être recommandés à Dieu, à la Vierge et à l'Ange gardien, ils se jetaient sur leurs paillasses, se couvraient d'une couverture de laine; puis croisant les bras sur la poitrine, ils s'endormaient dans la sainte pensée de la mort et du ciel. Ainsi, comme le dit saint Jérôme, leur sommeil était encore une prière.

Quelle profonde impression devait produire sur les pécheurs, quels fruits de salut devait faire naître parmi les peuples le spectacle d'une vie si sainte, si pauvre, si dure et si crucifiée ! Nous sommes ainsi faits : la voie qui nous mène au bien par les préceptes est longue, et par les exemples elle est courte. »

Nous voulons maintenant traiter de deux particularités, à savoir : les soins que les Cisterciens donnaient aux malades, et le respect dont ils environnaient les morts. « Lorsqu'un religieux était sérieusement indisposé, l'infirmier, mandé par l'abbé, le conduisait à l'infirmerie et s'empressait de lui servir tout ce qui semblait nécessaire à son soulagement et à sa guérison. On lui donnait une couche plus douce que celle du dortoir, du feu, du pain blanc, du vin et de la viande, que la règle de Citeaux tolérait dans ce seul cas. Cependant l'on n'appelait aucun médecin, et en fait de remèdes on se servait d'herbes et de racines recueillies au jardin de la maison, ou dans les champs au temps de la moisson et de la fauchaison, et que l'on faisait sécher et réduire en poudre dans les soirées d'hiver, au caléfactoire. » La sauge, le fenouil, la menthe, la sariette étaient les plantes médicinales auxquelles les Cisterciens donnaient la préférence.

« Saint Bernard, dans l'une de ses épîtres, s'élève fortement contre ces Frères trop attachés à la santé d'un corps qui doit périr et servir de pâture aux vers. « User, dit-il, de quelques décoctions de racines sauvages, comme il convient aux pauvres de Jésus-Christ, c'est ce qu'on tolère et qui se fait quelquefois parmi nous ; mais acheter des spécifiques, appeler des médecins, prendre des potions pharmaceutiques, c'est une grave inconvenance que ne comporte point la pureté évangélique de notre Ordre. Aux hommes spirituels il faut des remèdes spirituels. »

« Bien que les Cisterciens rejetassent la médecine en général, ils n'en avaient pas moins conservé un des grands moyens thérapeutiques, la saignée. On saignait en cas de maladie ; on saignait aussi par mesure préventive. Ce moyen préservateur, qui était employé dans l'état de santé parfaite, se pratiquait quatre fois l'année : aux mois de février, d'avril, vers la Saint-Jean-Baptiste, et au mois de septembre. Cette opération s'appelait *minutio*; ceux qui la subissaient, *minuti* ou *minuendi*, et le religieux qui était chargé de la faire, *minutor*. Pour que les travaux de la communauté ne fussent pas interrompus, on ne saignait pas tous les religieux à la fois; mais par divisions, quand le nombre en était grand, ou successivement dans les maisons peu nombreuses, comme était l'abbaye de Longuay.

Toutefois nous ne dirions que la moitié de la vérité, si nous taisions le but moral et expiatoire que la règle voulait atteindre par ces observances insolites. La règle voulait diminuer le corps pour grandir l'âme, appauvrir la chair pour enrichir l'esprit. A l'époque de la saignée, plus spécialement que dans les autres temps, on invitait les religieux à rentrer en eux-mêmes, à pénétrer dans les profondeurs de leur conscience. C'était, selon l'expression de Nicolas de Clairvaux, un temps de pénitence et le jubilé du sang.

Lorsque le malade était en danger de mort, on lui administrait l'Extrême-Onction et le Saint-Viatique en présence de la communauté. Au moment où il entrait en agonie, on répandait sur la terre de la cendre en forme de croix, on la couvrait d'un linceul et on y déposait le moribond. Ensuite on frappait la crécelle à coups redoublés et on tintait quatre fois la cloche pour appeler tous les Frères à ce grand et saisissant spectacle. Tous, prosternés à l'entour de leur frère expirant, récitaient les sept psaumes de la Pénitence. Aussitôt que l'agonisant avait rendu le dernier soupir, ils entonnaient l'antienne *Subvenite*, appelant ainsi les Anges et les Saints du ciel à venir recevoir, au sortir du corps, l'âme de celui qui avait combattu pour Jésus-Christ, et à la transporter dans le sein d'Abraham dans la Jérusalem éternelle.

On lavait ensuite le cadavre et on le transportait à la chapelle, revêtu du costume monastique, le visage découvert. Deux religieux se relevaient successivement pour prier près de lui. Quand le moment de la sépulture était arrivé, on chantait l'Office des Trépassés ; puis on couvrait le visage du défunt avec son capuce, et quatre religieux le portaient au cimetière et le descendaient dans la fosse, sans autre enveloppe que son froc, qui lui tenait lieu de suaire et de cercueil.

La poussière étant ainsi, selon l'ordre de Dieu, retournée dans la poussière, les moines se retiraient l'esprit rempli des grandes pensées de l'éternité. Tous allaient s'agenouiller à l'oratoire dans un profond silence : c'était pour eux une image de la mort et du tombeau. »

CHAPITRE VIII

Le successeur de l'abbé Arnaud. — Échanges à Bar-sur-Aube. Contrariétés. — Mort de l'abbé Hugues. — Élection de Gauthier. — Nouvelles contrariétés. — Accommodements avec les chevaliers de Gurgy. — Évrard II, septième abbé de Longuay. — Donations. — Révision de titres, en 1230. — Luttes diverses. — Donations. — Mort d'Évrard II.

L'abbé Arnaud étant mort « le 17e jour avant les calendes de novembre, » comme il est dit au Nécrologe de la maison, la communauté élut pour lui succéder le Frère Huon, ou Hugues, qui avait précédemment rempli, à Longuay même, les fonctions de cellérier. Hugues fut le cinquième abbé régulier de Longuay.

De son temps, Borgex de Rouvre et ses fils cédèrent aux Frères de Longuay « tout ce qui leur revenait d'Arnoul, leur parent, en fait de terres, prés, vignes, meubles et immeubles. » En échange, les Frères leur donnèrent 2 arpents de terre sis au Moncel; un journal à la maison de Milon; » un autre journal sur un autre point du territoire; une vigne, à la Combe et à la maison Bernon ; enfin une somme de 20 sous. L'attestation en fut faite par le doyen de Bar.

Cependant cet échange fut l'occasion d'une controverse entre nos Frères d'une part, et Ermengarde, dame de Rouvre, et ses fils d'autre part, qui réclamèrent, la même année, les biens échangés, « en tant que leur appartenant par droit héréditaire. » Aussi bien l'on parvint à s'entendre ; les prétendants se désistèrent et laissèrent les religieux dans la possession tranquille de ce qu'ils avaient acquis. Deux chartes du doyen de Bar attestent que la paix ne tarda guère à être faite.

La même année, une autre affaire de ce genre se présenta à propos des biens que Gui de Champigneulles avait accordés aux Frères, sur le territoire d'Ormoy. Il fallut, pour pacifier, l'intervention de l'évêque de Langres. Le réclamant cessa ses poursuites et confirma sans aucune condition la donation primitive.

L'année 1218, qui fut la dernière du court abbatiat de Hugues, la maison de Longuay acquit, d'un nommé « Bernard, une rente annuelle de 15 sous à percevoir au bourg de Châtillon. » A la même année se rapporte un échange fait à Surville et attesté par Bernard, doyen de la Chrétienté de Bar. Après cela, l'abbé Hugues s'endormit dans le Seigneur : la tombe lui donna le repos et la paix que son rapide gouvernement ne lui avait pas prodigués.

Une charte se rapportant à l'abbaye d'Auberive nous apprend que le successeur de l'abbé Hugues fut Gauthier, qui prit en main le gouvernement de la maison de Longuay en 1218. Dès les premiers mois de son administration, Gauthier eut à lutter pour le maintien des droits de l'abbaye qui venait de lui être confiée.

Il y avait déjà longtemps que les Frères de Longuay possédaient, pour les bestiaux de leur maison de Bar-sur-Aube, le droit d'usage des pâturages de Lignol et de la forêt de *Coluberoïl*, quand sire Jocelin, chevalier de Lignol, troubla par d'injustes attaques leur tranquille possession. L'affaire ayant été portée devant l'archidiacre et le doyen de Bar, fut jugée conformément aux droits antiques des Frères. Jocelin, convaincu de l'injustice de ses réclamations, non-seulement reconnut et confirma les titres des Frères, mais encore leur donna sur le territoire même de Lignol quelques arpents de terre, entourant sa donation de toutes les garanties désirables. Mais les Frères, qui voulaient se mettre pour l'avenir à l'abri de contrariétés nouvelles, demandèrent un acte authentique de la confirmation de leurs droits. En conséquence Hugues, archidiacre de Bar, et Bernard, doyen de la même ville, leur accordèrent le 4 des calendes de mars 1219, le siége épiscopal étant vacant, la charte qu'ils avaient sollicitée.

Sur ces entrefaites l'évêque de Langres, qui était Guillaume II de Joinville, fut élu archevêque de Reims, et remplacé sur le siége de Langres par Hugues de Montréal, de Montbard. Dès le commencement de son épiscopat, Hugues fit avec nos religieux l'échange d'une portion de pré qu'il « possédait, dit-il, à Longuay, mais que, pour le bien de la paix il cède à perpétuité » aux religieux de notre abbaye. Or la portion de l'évêque consistait « en une fauchée, c'est ce qu'un faucheur peut abattre en un jour, » et les Frères lui donnèrent en échange « 2 fauchées situées ailleurs, ni des meilleures, ni des pires. »

La même année 1219, Renaud, chevalier de Veuxaulles, accorda aux Frères de Longuay le droit d'usage des vaines pâtures dans tout le finage de Faye : en 1221, ce droit reçut un nouvel accroissement de Hugues, chevalier de Rouvres, « qui engagea pour 25 livres aux Frères de Longuay toutes les pâtures de Faye, » promettant en outre de se porter leur défenseur dans le cas où l'on causerait des torts aux religieux.

A cette même année 1221 se rapportent un accommodement passé entre nos Frères et les chevaliers du Temple de Gurgy, et deux autres transactions dont il nous faut dire quelques mots.

Les religieux de Longuay étaient tenus de payer au Val-des-Choux une redevance annuelle de 4 mesures de froment, qu'ils devaient conduire, à leurs risques et périls, à la maison même, leurs constitutions interdisant aux Frères du Val de franchir l'enceinte du monastère. Cette condition était une servitude dont les Cisterciens furent sans doute heureux de se délivrer, à cause des ennuis qu'elle leur créa quelquefois. En voici un entre autres dont notre cartulaire a conservé le souvenir.

Nous lisons dans une lettre du frère Humbert, prieur du Val-des-Choux, que « Parisis d'Aignai fut singulièrement irrité contre les Frères de Longuay, parce que l'un d'entre eux avait levé la main sur lui. » Cédant aux inspirations de la colère, Parisis menaça notre abbaye de se venger sur elle du tort que le religieux lui avait fait, et dès lors il ne songea plus qu'aux moyens de lui causer du dommage. Cependant Parisis se calma ; il fit la paix avec nos religieux et « s'engagea sincèrement à ne chercher jamais aucune occasion de vengeance, et même à protéger les Frères contre quiconque tenterait de leur faire du mal. Mais il faut savoir, ajoute la lettre, que Parisis a reçu treize livres, monnaie de Dijon, de la charité de la maison de Longuay. » De tout temps l'argent a eu la vertu de rapprocher les hommes. Quant « au médecin qui soigna Parisis d'Aignai, il reçut 40 sous » pour sa peine. « En foi de quoi j'ai confirmé la présente lettre par l'autorité de mon sceau. Fait en l'an du Seigneur 1214 [1]. »

C'est cette redevance qui fut l'objet d'un arrangement entre nos Frères et les Templiers de Gurgy. La charte dit à cette occasion que « les Frères de Longuay donnèrent et concédèrent auxdits chevaliers tout ce qu'ils possédaient à Louesme, sur le territoire de cette ville, » et sur deux autres finages adjacents, « en prés, maisons, terres cultivées et incultes, etc, qu'ils tenaient du prieur du Val-des-Choux ; de plus ce qu'ils tenaient d'Eudes, de bonne mémoire, autrefois duc de Bourgogne, en la ville de Louesme. » De leur côté les chevaliers s'engagèrent à payer au prieur et aux Frères du Val-des-Choux, la redevance que nous avons rappelée tout à l'heure, dans les mêmes conditions qui pesaient sur nos Frères avant leur arrangement avec les chevaliers du Temple. La charte mentionne ensuite certaines particularités qu'il est bon de connaître, et qui feraient voir que les Templiers tenaient singulièrement à posséder seuls ces différents territoires.

1. Cart. Long., fol. 198.

« Il faut savoir, poursuit la charte, que nous accordons aux Frères de Longuay l'autorisation d'acquérir des biens sur ces territoires. Si donc quelqu'aumône leur est faite sur le territoire de Louesme, ils pourront l'accepter et la vendre à nos gens dans le courant de l'année. Quant aux autres territoires adjacents, s'il arrivait par hasard que des aumônes ou des achats nous en rendissent entièrement propriétaires, les Frères de Longuay devront vendre à nos gens, dans l'espace d'un an, tout ce qu'ils y auront acquis d'une manière ou d'une autre. Fait au mois d'août 1221. » Le même mois de la même année, le prieur Humbert et les Frères du Val-des-Choux approuvèrent la convention que nous venons d'analyser.

Cette année encore, un nommé Guillaume donna à notre abbaye « le tiers d'une métairie qui avait appartenu à Pierre de Jaucoux, et qui était située proche de la maison de Hugues de Vaudrémont, chanoine de Saint-Maclou. » Quant aux deux autres tiers, Pierre de Jaucoux les vendit, comme sa portion, aux Frères de Longuay pour 7 livres, monnaie de Provins.

« Pierre, damoiseau de Lonchamp, donna à l'abbaye de Longuay, en présence de Hugues, évêque de Langres, le tiers de la dîme qu'il possédait à Latrecey. » Les deux autres tiers furent vendus à la maison pour quelques livres, monnaie de Provins. Dans le même temps, la dame Rosine, sœur de Pierre de Lonchamp, donna à son fils Adam l'investiture de son fief de Latrecey, ne retenant pour elle que le blé de l'année courante. L'archidiacre de Bar fut chargé de faire cette communication « au vénérable abbé de Longuay. »

Tel fut, dans les choses extérieures, le dernier acte de l'administration de l'abbé Gauthier. « Ce vénérable abbé, » qui fut le sixième de notre abbaye, mourut, en effet, vers la fin de l'année 1221, ou au commencement de l'année 1222, et eut pour successeur Évrard, deuxième du nom.

Évrard, que l'on nomme quelquefois Guiard et Guirard, est mentionné dans un grand nombre de documents, dès l'an 1222 : au cartulaire de l'église de Langres, en 1222 ; dans des chartes d'Auberive, en 1222, 1223, 1224 et 1225 ; dans les tables du Chapitre de Langres, et au livre des fiefs de la même église, en 1230, et enfin dans les chartes d'Auberive, de 1235 à 1238. Si l'administration d'Évrard fut longue, comme nous le verrons, elle fut également bien profitable à notre abbaye.

Une charte que le doyen de Bar-sur-Aube donna en 1223, atteste que Rainauld de Vaigne céda à l'église de Longuay 4 arpents de terre en compensation des 10 sous de cens annuel qu'il devait, et qu'il allait cesser de payer. Rainier, surnommé l'Anglais, donna, la même année, « à l'abbaye de Longuay 2 sous de cens annuel, payables le dimanche des Rameaux, à prendre sur sa maison située à Bar, en dehors de la porte dite de Brienne. » Au mois de juin 1224, selon que l'atteste le même doyen, « Viard donna en aumône à Sainte-Marie et aux Frères de Longuay une portion d'un pré qu'il possédait conjointement avec la dame Flore auprès du moulin d'Asseyval. » La femme et tous les enfants de Viard consentirent à cette donation.

Dès le mois d'avril, à savoir le 14 avant les calendes de mai 1224, comme nous l'apprend une charte donnée par le grand chantre de Langres, « Évrard, abbé de Longuay, et les Frères de la même maison avaient acheté de Guichard de la Porte une vigne située au Val-de-Lucien, *in Lucianivalle*, laissant les fruits de cette vigne à Étienne, fils de feu Sanson de Langres. » Voici quelques particularités qu'il nous faut signaler. « On ajouta donc que si ledit Étienne vivait plus de quatre ans, la vigne lui serait abandonnée en perpétuel héritage ; mais que s'il mourait dans les quatre ans, la vigne resterait à l'abbé et aux Frères sans qu'on pût jamais les inquiéter. Il faut savoir en outre, continue la grand chantre, qu'Étienne a donné à l'abbé et au couvent de Longuay et en tant que c'était son affaire, quittance de tout ce que son père avait autrefois mis en dépôt chez eux. »

Au mois de janvier 1225, Simon, seigneur de Sexfontaine (Saxifons), concéda et approuva la donation faite à l'église et aux Frères de Longuay par Pierre, damoiseau de Lonchamp, d'une partie de la dîme de Latrecey. Le fief de Latrecey était alors de la mouvance de Simon, à qui, pour son approbation, les Frères de Longuay donnèrent 12 livres.

L'année 1226 se passa sans que la maison de Longuay eut fait des transactions ou des acquisitions importantes : quelques sous, quelques deniers de cens, et ce fut tout. Cependant voici une charte que nous avons cru devoir rapporter à cause de la condition expresse que le bienfaiteur a mise à son acte de générosité : « Moi, Colin de Châtillon, camérier de mon seigneur le comte de Nevers, je veux faire savoir à tous présents et à venir que du consentement et avec l'approbation de ma femme Agnès, j'ai donné et concédé en aumône et à perpétuité à mes bien-aimés Frères de Longuay, pour le salut de mon âme et de celles de mes prédécesseurs, 70 livres, monnaie de Provins, que j'ai autrefois prêtées auxdits Frères, et une mesure de froment qu'ils étaient tenus de me payer annuellement, à condition toutefois que l'abbé et le couvent de ce lieu seront obligés de fournir une pitance générale en pain blanc et en vin convenable à tous les Frères, tant ceux qui habitent l'abbaye, que ceux qui habitent les métairies, une fois par an, en la fête de saint Nicolas. Fait au mois de décembre 1226. »

En 1227, l'abbaye de Longuay acquit une vigne située sur le territoire de Bar et ayant appartenu à un boucher de la même ville, nommé Évrard, qui en fit « l'aumône pour le salut de son âme, de celle de sa femme Adeline, de sa fille Béliarde et de ses prédécesseurs ; » plus 3 sous de cens annuel assis sur une maison de Voigny.

A l'année 1228 se rapportent diverses chartes confirmatives de droits antérieurement concédés aux moines de Longuay ; nous allons mentionner celle qui concerne la seigneurie de Dancevoir et qui fut assurément la plus importante de cette période.

Depuis longtemps déjà les religieux de Longuay jouissaient paisiblement des droits seigneuriaux que le duc de Bourgogne leur avait accordés sur les deux villes de Dancevoir, quand Hugues, nouveau duc de Bourgogne, voulut disposer de ce fief comme d'un bien qui lui eût appartenu sans contestation. Hugues n'avait pas connaissance, il faut le croire, de la concession qu'avait faite son prédécesseur. Les religieux lésés députèrent donc à la cour de Bourgogne quelques-uns de leurs frères pour s'opposer aux tentatives de Hugues, et présenter dans ce but le titre que l'ancien duc leur avait donné.

Le duc examina avec soin le document et, comme nous l'apprend la charte que nous avons sous les yeux, « consulta des hommes sages et habiles dans l'interprétation des lois. » Enfin, après une mûre délibération, convaincu par la force du droit qu'avaient nos religieux, il confirma la concession que son prédécesseur avait faite. « Ayant soigneusement examiné ladite charte et pris conseil de personnes honnêtes et savantes dans les lois, j'ai pour toujours concédé et totalement abandonné à l'église et aux Frères de Longuay les susdites villes de Dancevoy avec tous leurs avantages et dépendances. Et pour que cela demeure à jamais ratifié et stable, j'ai muni la présente charte de l'impression de mon sceau. Fait le 3 des ides de janvier 1228. »

Nous verrons plus tard que cette jouissance des droits seigneuriaux de Dancevoir sera pour nos religieux l'occasion de nouveaux et plus graves soucis. Les années 1230, 1231, 1232 et 1233 furent signalées par divers actes officiels revisant et confirmant d'anciennes donations : entre autres par une charte de Hugues, évêque de Langres, qui maintenait aux Frères le droit de prendre dans les forêts du domaine épiscopal du bois de chauffage, et même de construction (1230 et 1231) ; par une charte du doyen de Bar attestant que « Constance de Voigny donna à Dieu et à l'église de Longuay sa terre située auprès de la terre de Longuay, sous le Mont-d'Or : » par une charte de Gaucher, abbé de Citeaux, qui pacifia une querelle entre Évrard, abbé, et les Frères de Longuay d'une part, et Hugues, chevalier de Rouvres, d'autre part, au sujet du droit d'amasser le bois mort que le chevalier contestait aux religieux. Le chevalier fit en personne serment sur les saints Évangiles de ne plus inquiéter à l'avenir les Frères de Longuay, et lia par le même serment, non-seulement « sa personne, mais encore celle de son héritier et de l'héritier de son héritier » (1232 et 1233). Un nommé Robert de Rouvre ayant refusé de payer aux Frères de Longuay 16 sous que feu Jacques de Rouvre avait donnés en aumône à nos Frères, sur un jour de terre situé auprès de la maison d'Évrard, à Bar-sur-Aube, l'affaire fut portée devant le doyen de Bar. Celui-ci ayant entendu les témoins et « observé en tout l'ordre de la justice, adjugea les 16 sous aux Frères, menaçant le rebelle des censures ecclésiastiques. Fait au mois d'août 1233. »

A la même date se rapportent diverses chartes

mentionnant et confirmant « une amodiation de la dîme d'Ormoy faite aux Frères de Longuay par Pierre, chevalier, surnommé Laraguet, moyennant 10 setiers de blé propre à faire de la semence, payables à Foiseul dans la quinzaine de la Purification de la Sainte Vierge, moitié froment, moitié orge, et mesure de Laferté. » Les personnages qui concoururent, par leurs chartes, à la confirmation de cette transaction, furent Robert, évêque de Langres ; Raoul, doyen de Châtillon ; l'official de Troyes, et l'official de Langres.

En 1234, au mois de mai, maître Frédéric de *Ponteolis*, official de Langres, attesta que « Rainier, chevalier, fils de sire Henri de Nogent, et Naalote, sa femme, reconnurent avoir vendu à perpétuité pour 22 livres, à l'église et aux Frères de Longuay le plein usage de leurs pâturages de Faye, consistant en plaine, bois et autres lieux jusqu'au chemin Romorot, qui va de Veuxaulles à Châteauvillain, et jusqu'à la rivière d'Aube. » Girard de Rouvres, sans l'approbation duquel cette vente n'eût pu se faire, la confirma la même année en cour de Langres.

L'année 1235 nous présente de nombreuses chartes se rapportant au finage d'Ormoy, et ratifiant des acquisitions faites par nos religieux, soit cette année même, soit antérieurement. A l'exception de celle de Pierre de Noydant, chevalier, qui constate la quittance « de 30 sous de cens que les Frères lui devaient annuellement pour quelques terres situées au finage d'Ormoy, » les autres chartes, qui furent données par Robert, évêque de Langres, et par Nicolas, évêque de Troyes, se rapportent à l'amodiation faite par le chevalier Laraguet en 1233. Au mois de mars 1235, l'évêque de Langres, qui était Robert de Torote, écrivait :

« Nous, Robert, par la grâce de Dieu, évêque de Langres, faisons savoir à tous ceux qui verront les présentes lettres que les Frères de Longuay ayant acquis une mesure de blé, moitié froment, moitié orge, mesure de Laferté-sur-Aube, de Pierre, chevalier, surnommé Laraguet, à qui les Frères la devaient pour l'amodiation du quart de la dîme grosse et menue de la ville et finage d'Ormoy, et aussi pour l'amodiation de tous les fiefs de ladite dîme, ainsi que pour l'amodiation du fief que le chevalier Boson tenait de Pierre Laraguet, tous fiefs de la mouvance du fief de Pierre, sire de Jaucoux, comme le même Pierre l'a déclaré en notre présence ; le même Pierre, sire de Jaucoux, ayant comparu devant nous, a donné et concédé à l'église et aux Frères de Longuay ledit fief, plus 120 livres, monnaie de Provins. En retour les Frères de Longuay ont donné à Pierre de Jaucoux la moitié qu'ils possédaient dans le moulin d'Ormoy, où le sire de Jaucoux avait aussi une partie, » se réservant toutefois toutes les aisances de la campagne environnante nécessaires à leurs bestiaux, et défendant qu'on ne prenne, sans leur permission expresse, dans leurs bois, ce qui sera nécessaire pour la réparation du moulin. Cette charte est du mois de mars.

Au mois de mai suivant, une attestation semblable fut remise par le même prélat au chevalier Pierre Laraguet. Après avoir rappelé ce que nous avons cité plus haut, Robert ajoute : « Il a même voulu (Pierre), et cela de son plein gré et sans y avoir été contraint, que si, après une admonition, il n'observait pas les conventions, nous l'excommuniassions sans autre procédure, et que nous soumissions toute sa terre de notre domaine épiscopal à l'interdit ecclésiastique, et que notre sentence persévérât jusqu'à ce qu'il fût revenu à l'exact accomplissement des conventions. » La charte que l'évêque de Troyes donna au mois de juin de la même année, renferme des clauses semblables à ce que nous venons de dire.

Les documents des années 1236, 1237 et 1238, à l'exception des chartes du Charmoy, ne nous font pas connaître d'importantes acquisitions. Nous nous contenterons donc de rapporter la donation de Pierre de Dancevoir.

« Nous, Robert, par la grâce de Dieu, évêque de Langres, faisons savoir à tous présents et à venir que messire Pierre de Dancevoy, chevalier, fils de défunt Geofroi, chevalier, et Simon, son frère, sorti de tutelle, comme il l'a déclaré, ont donné et concédé en aumône perpétuelle à l'église et aux Frères de Longuay, une partie de leur bois situé autour de la maison du Charmoy, avec le fonds et tous les droits qu'ils avaient dans la même forêt, et qui sont déterminés par des bornes, promettant sur la foi du serment que jamais ils n'entreprendront rien contre ladite aumône. Ils ont donné et concédé tous les droits qu'ils avaient, tant eux que leurs hommes, sur la pêche des eaux qui vont du moulin de Longuay jusqu'à Boudreville. S'ils viennent à mourir avant d'avoir pu racheter leur terre de Dancevoy, qu'ils ont engagée à l'église et aux Frères de Longuay... la donation aura néanmoins son effet. En témoignage de cette affaire, et sur la demande de Pierre et de Simon, nous avons donné aux présentes l'autorité de notre sceau. Fait en l'an du Seigneur 1238, au mois de mai. »

Quatre ans plus tard, au mois de mars 1242, Haymon, abbé d'Auberive, et Renaud, doyen de Chaumont, donnèrent une attestation analogue à celle qu'on vient de lire, et se rapportant au même finage du Charmoy ; ce nouveau bienfait eut pour auteur messire Guillaume Pignox. Toutefois nous trouvons dans cette charte, de plus que dans la précédente, le droit concédé aux religieux par Guillaume de s'emparer de ceux qu'ils trouveraient en flagrant délit de pêche, dans les endroits qu'il leur a octroyés ; de garder les délinquants jusqu'à ce qu'ils aient payé une amende de quelques sous ; et enfin la concession de maisons que les Frères de Longuay avaient fait construire sur le finage de Dancevoir.

En 1239, au mois de mars, Jacques, damoiseau de Monterie, reconnut pardevant Viard, doyen de Bar, qu'il avait vendu à l'église et aux Frères de Longuay un revenu annuel d'un setier de blé auquel il avait droit sur la grange de Foiseul. Pour cela et une fois pour toutes, nos Frères donnèrent 100 sous, monnaie de Provins. La même année, au mois de mars également, Guillaume, fils de Jacques de Monterie, « donna et concéda en aumône perpétuelle à l'église et aux Frères de Longuay, tout ce qu'il avait et qui devait lui revenir de l'héritage de son père et de sa mère. » Jacques de Monterie approuva cette généreuse aumône, promettant sur la foi du serment qu'il ne s'opposerait jamais à ce qu'elle obtînt son effet. L'année suivante, au mois d'avril, il donna de plus à notre église tout ce que lui Jacques, et ses fils Guillaume et Hugues possédaient dans la dîme entière d'Ormoy, tant la grosse que la menue, » offrant de fournir toutes les garanties nécessaires à une tranquille possession. « Que s'ils ne pouvaient, dit la charte du doyen Viard, garantir ladite aumône, Jacques donnerait pour caution sa terre située auprès du château de Laferté-sur-Aube, et ses enfants, leurs prés qui sont auprès d'Ormoy. »

L'un des derniers actes de l'administration d'Évrard II fut l'acquisition d'un droit important sur des forêts appartenant à messire de Vignory et situées sur le territoire de Rouvre auprès de Bar. Voici en quels termes cette acquisition est attestée dans les chartes que donnèrent, en 1240, le sire de Vignory et le doyen de Bar, et quatre ans plus tard, l'évêque de Langres, Hugues de Rochecorbon.

« Moi, Gautier, seigneur de Vignory, et moi Berthe, femme du même Gautier, nous voulons faire savoir à tous présents et à venir que nous avons vendu pour 40 livres à l'église et aux Frères de Longuay, le plein usage pour un char à un cheval dans notre forêt de Blèze (?) et de la Fresnoye, ainsi que dans toutes nos autres forêts, excepté néanmoins celle où se trouve notre habitation, où ils prendront le bois qui sera nécessaire à la construction ou à la réparation de leurs maisons de Rouvre; de quoi faire des échalas pour leurs vignes, et généralement tout ce qu'ils voudront desdites forêts, tant sur tout le finage que dans la ville de Rouvre. Nous exceptons qu'ils n'abattront point de chênes ; cependant nous leur permettons de couper les branches tortues et d'amasser les chênes renversés. Il faut savoir en outre que ce droit que nous avons vendu, appartiendra à quiconque possédera la maison qui appartient présentement auxdits Frères... » Viennent ensuite les engagements que les donateurs prenaient habituellement, pour assurer et garantir les transactions. « Nous faisons savoir aussi que nous avons reçu des Frères le prix intégral du droit que nous leur avons vendu. De même nous avons promis de reconnaître, aussitôt que nous le pourrons, devant le seigneur évêque de Langres, les engagements et conventions que nous venons de prendre, et pour lesquels nous demanderons l'autorité du sceau épiscopal. Pour moi Gautier, j'ai voulu et concédé que si nous tentions à l'avenir quelque chose contre le présent acte, le doyen de Bar-sur-Aube pût et dût nous excommunier, nous et nos héritiers, et nous tenir sous le coup des censures ecclésiastiques, jusqu'à ce que nous fussions revenus à l'exact accomplissement de ces conventions. Afin que cet acte demeure pour l'avenir inviolable et certain, nous l'avons muni de l'autorité de nos sceaux. Fait en l'an du Seigneur 1240, au mois de mai [1]. »

Telle est la transaction que rapporte dans des termes analogues la charte du doyen de Bar, et que l'évêque de Langres approuva en 1244. Elle est aussi le dernier acte administratif de l'abbé Évrard, « qui mourut, d'après le Nécrologe domestique, le 7 des ides de février 1243. »

1. Cartulaire de Longuay, passim.

CHAPITRE IX

Barthélemi, abbé de Longuay. -- Aumône. -- Contestations. -- Donations. -- Thierry, successeur de Barthélemi. -- Donations et ratifications. -- Pacifications. -- Aumônes. -- Seigneurie de Lignerolles et des Goules. -- Querelle à propos de la dîme de Latrecey. -- Mort de Thierry. -- La dernière charte.

Après avoir rendu les derniers honneurs à Évrard, la communauté de Longuay élut pour abbé un religieux nommé Barthélemi. Dès les premiers mois du gouvernement du nouvel abbé, ou peut-être même dans l'intervalle qui s'écoula entre la mort d'Évrard II et l'élection de son successeur, car rien n'a pu nous apprendre la date précise de cette élection, Milon de Rouvres, comme l'atteste une charte de Haymon, abbé d'Auberive, « donna à Dieu et aux Frères de Longuay en pure et perpétuelle aumône 1 setier de froment, mesure de Gurgy-le-Château. » L'objet de cette donation était, dans la pensée du donateur, un revenu annuel que nos

Frères devaient « percevoir à Rouvres, dans la partie des tierces de ladite ville, qui étaient, par droit héréditaire, de la compétence du chevalier Milon. Cette donation fut faite en 1243. »

La même année, Barthélemi obtint deux chartes constatant la pacification d'une querelle qui avait surgi entre les religieux de son abbaye et les religieux de l'abbaye de Molême, à propos de quelques prés du finage de Boudreville. Comme l'affaire menaçait de traîner en longueur, les religieux de l'une et l'autre abbaye résolurent de s'en remettre à la décision de deux arbitres. L'abbaye de Longuay choisit pour fondé de pouvoir Thierry, prieur du monastère ; l'abbaye de Molême, de son côté, députa son sacriste, nommé Frère Robert. Les deux arbitres comparurent devant l'évêque de Troyes et le doyen de la même église : c'était le mercredi avant la Pentecôte. Il fut décidé, comme le document nous l'apprend, « que l'église de Longuay continuerait à posséder en paix les prés dont l'église de Molême lui contestait la légitime possession, excepté toutefois un chemin qui conduit à un lieu dit Venèce, où se trouvait un moulin ; excepté encore deux fauchées de pré, » dont l'une avait été vendue par le maire de Boudreville, et l'autre avait été donnée en aumône par les hommes de Molême aux Frères de Longuay. Ces deux fauchées furent adjugées pour toujours à la maison de Molême. Outre cela nos religieux durent donner encore 18 livres, monnaie de Champagne, « en la fête de saint Jean-Baptiste de Troyes, » aux religieux de Molême. Au mois d'août de la même année, l'abbé de Molême, Christophe, donna et scella de son sceau une charte analogue à celle que nous venons d'analyser, et qui fut publiée par le grand chantre de Troyes.

Au mois de décembre de l'année suivante, 1244, Renaud de la Putemonnaie, de Bar-sur-Aube, donna une terre aux Frères de Longuay. Deux chartes furent publiées à cette occasion par le doyen de la Chrétienté de Bar, l'une constatant la donation de Renaud, et la seconde constatant le consentement qu'y donna Clémence, femme de Renaud de la Putemonnaie.

En l'année 1246, qui fut la dernière du court abbatiat de Barthélemi, « l'abbé et le couvent de Longuay donnèrent et concédèrent pour toujours à Robert Acenet, bourgeois de Bar, deux vignes situées au *Proverangeval*, avec 40 sous que ledit Robert reçut des Frères. L'une de ces deux vignes était située entre une vigne du même Robert, et une vigne appartenant aux Chanoines de Saint-Maclou de Bar. L'autre touchait à la vigne de Martin de Blèze (?). En échange Robert donna sa vigne. »

Cet échange fut fait au mois de juillet, et attesté par une charte de Viard, doyen de la Chrétienté.

Après cela, l'abbé Barthélemi s'endormit dans le Seigneur, et la communauté de Longuay élut pour lui succéder Thierry, premier du nom, prieur du monastère, et le même qui avait été envoyé à Troyes, en 1243, pour représenter les intérêts de notre abbaye dans la contestation qui y fut vidée, comme nous l'avons dit précédemment.

Les auteurs du *Gallia Christiana* font remarquer que le nom de Thierry Ier se trouve mentionné à l'année 1246 dans une charte de Clairvaux ; en 1253, au mois de février, dans une charte de Simon, chevalier de la Chaume, d'après le tableau d'Auberive ; qu'en 1257, Thierry, abbé de Longuay, fut témoin de l'hommage que prêta à l'évêque de Langres le chevalier Raynier, seigneur de Marac. Les mêmes auteurs ajoutent que le nom de Thierry se présente encore au mois de novembre 1259, dans le livre des fiefs de l'église de Langres, et au mois de juillet 1264, époque où notre abbé munit de son sceau, conjointement avec Ponce, abbé d'Auberive, un acte d'échange ; et enfin dans un document de même nature que le précédent, daté du mois de mai 1266, et scellé du sceau de l'abbé de Longuay, et de celui de Pierre, abbé d'Auberive.

Ces témoignages nous font voir clairement que

c'est grâce à une erreur chronologique que l'abbatiat d'Évrard a été prolongé par certains documents jusqu'à l'année 1262.

De nombreuses chartes se rapportent au temps où Thierry Ier gouverna l'abbaye de Longuay, et qui ne comprend pas moins qu'une période de trente-quatre années. Thierry, en effet, fut élu abbé en 1246, et mourut, comme nous le dirons, en 1280. Parmi tous ces documents nous donnerons ici le plus important, à savoir celui qui concerne l'acquisition de la seigneurie de Lignerolles et des Goules, nous contentant de donner une analyse succincte des autres actes.

En 1250, au mois de novembre, « sire Ralon de Lucey donna en pure et perpétuelle aumône, pour le bien de son âme et de l'âme de sa mère, à l'église et aux Frères de Longuay, tous les pâturages du territoire de Lucey, » n'exceptant aucune espèce d'animaux.

Dès le mois d'avril de la même année, par devant Haymon, archidiacre de Langres, « sire Gui de Chaudenay, chevalier, fils de dame Alix de Rouvres ; sire Gui de Rouvres, dit Taillefer, et Hugues, damoiseau, fils de Hugues, avaient approuvé l'aumône que dame Alix avait faite » à notre église, pour le repos de l'âme de son fils Haymon, « de 4 setiers de blé, moitié froment, moitié avoine,

à percevoir annuellement sur la dîme de Rouvres. »
En 1253, cette donation reçut une confirmation nouvelle.

En 1251, Évrard, sire de Jaucoux, approuva toutes les donations, les acquisitions, les ventes, les échanges, en un mot toutes les transactions faites par l'abbaye de Longuay, et concernant le territoire d'Ormoy. Cette confirmation fut donnée à l'occasion de querelles suscitées à nos religieux par Pierre, frère de messire Évrard, et auxquelles il voulut mettre fin.

En 1252, le doyen de Châtillon-sur-Seine notifia la confirmation que dame Hubeline, veuve de Girard de Rouvres, donna à la concession que feu Girard avait faite aux Frères de Longuay de 2 setiers de blé, moitié froment, moitié avoine, à percevoir annuellement, en la fête de saint Remi, sur le moulin de Veuxaulles. L'acte est du 1er de mai.

En 1254, Haymon, archidiacre de Langres, et Viard, doyen de Bar-sur-Aube, mirent fin à une dissension qui s'était élevée entre l'abbé et le couvent de Longuay, et Guillaume, clerc d'Ormoy, fils de Jacques de Monterie, à propos du huitième de la dîme de Foiseul et d'un setier de blé, revenu annuel, que les religieux, disait Guillaume, devaient lui payer. Guillaume renonça à son huitième et à son setier ; et les religieux s'engagèrent à lui payer, à titre de pension annuelle et viagère, 8 livres de rente, sauf des arrangements ultérieurs, ou l'entrée de Guillaume en religion.

« Nous ne devons pas négliger de dire, ajoute la charte en finissant, que ledit Guillaume donna et concéda 32 deniers de cens assis sur un certain meix situé à Ormoy, auprès de la maison d'Agnès d'une part, et auprès de celle de la veuve de Dominique, dit Gordot, d'autre part ; lesquels deniers doivent être remis, en la fête de Noël, à l'abbé et au couvent de Longuay. » L'acte fut fait au mois d'octobre 1254.

Aux années 1258, 1259 et 1263 se rapportent plusieurs chartes ayant trait à des donations, acquisitions et arrangements qui ne nous ont pas paru d'une importance considérable, et que nous passerons sous silence. Cependant nous céderons volontiers au penchant de citer quelques lignes de la première charte écrite en français que nous ayons jusqu'à ce moment rencontrée.

Un nommé Symon, clerc d'Ormoy, étant venu à mourir, les dîmes « qu'il tenait en sa main » furent achetées par les religieux de Longuay pour la somme de 30 livres : à cette occasion, Pierre de Jaucoux, sire de Dinteville, donna la charte que nous reproduisons en partie, dans le style et l'orthographe du temps.

« Je Pierre de Jaucort, sires de Dinteville fais savoir à tous ces qui verront ces présentes lettres que comme maistre Symon clair d'Ormoy qui est mort tenest an sa main au jor qu'il fut mort la partie que Isabiaux li demoiselle d'Ormoy avait et devait ou deme (dîmes) d'Ormoy por 40 livres, et comme li moitiez de la chose au devant dit Symon soit escheoite es anfans milon lou frère du devant dit Symon. Je hai ballié de par la volonté es devant dits anfants la moitiez del devant dit deme d'Ormoy que le devant dit Symon tenest au jor qu'il fut mort à l'abbé et au couvent de Longué por 30 livres, les quels deniers je hai receus contans....... Ces lettres furent faites lou samedi devant la Saint-Michel, an l'an notre Seignor 1259 [1]. »

L'acte le plus important de l'abbatiat de Thierry, et aussi, pouvons-nous ajouter, de toute cette période, fut l'acquisition que firent nos religieux de la seigneurie de Lignerolles et des Goules, au mois d'avril 1266, sur Jean, sire de Châteauvillain, qui en était propriétaire. Nous allons reproduire *in extenso* la charte qui fut rédigée à cette occasion [2].

« Moi Jean, seigneur de Châteauvillain et de Lucey, à tous présents et à venir je fais savoir

---

1. Cartulaire de Longuay, fol. 33. — 2. Id., fol. 210.

que, avec l'agrément et le consentement de Jeanne, mon épouse bien-aimée, j'ai, par une vraie et irrévocable vente, sans violence, sans fraude, sans avoir été aucunement circonvenu à ce sujet, vendu aux religieux abbé et couvent de Longuay, de l'Ordre cistercien, au diocèse de Langres, tout ce que j'avais, pouvais ou devais avoir, à quelque titre que ce fût, même au temps où furent faites les présentes, dans les villes de Lignerolles et des Goules et dans les finages desdites villes ; à savoir ce que je possédais en toute justice, hommes, femmes, maisons, terres, prés, bois, eaux, pêches, fours, moulins, cens, colonges, fiefs, issues, revenus, libertés, usages et tous droits, pour deux mille cinquante livres, monnaie de Tours, desquelles livres j'ai reçu le paiement argent comptant des dits abbé et couvent. De tous et de chacun de ces biens je me suis dépouillé et j'ai investi lesdits abbé et couvent du véritable domaine et de la possession corporelle, ne retenant rien pour moi, ni pour mes héritiers. J'ai promis, en outre, et je m'y tiens pour obligé à l'égard de toutes et chacune des choses ci-dessus indiquées, j'ai promis à l'abbé et au couvent de Longuay de leur donner contre tous garantie légitime, de ne rien faire par moi-même, et de ne rien permettre qui fût contraire à ladite vente ou au présent titre, et j'oblige mes héritiers à observer fidèlement et toujours toutes et chacune des choses qui sont ici dites. Ma femme Jeanne a loué et approuvé cette vente, et elle a promis sur la foi du serment que, pour aucune raison, ni à titre de dot, ni à titre de présents de noces, elle ne réclamera jamais rien des choses qui ont été vendues..... Fait en l'an du Seigneur 1266, au mois d'avril. »

La seigneurie de Lignerolles étant, à l'époque où cette vente fut faite, un fief que Jean de Châteauvillain tenait du duc de Bourgogne, il fallut revêtir l'acte qu'on vient de lire de l'approbation du seigneur suzerain : telle était la législation féodale. L'approbation fut accordée le même mois de la même année 1266 ; on y lit : « Je ratifie et j'approuve ladite vente, je concède et j'acquitte ledit fief auxdits abbé et couvent, et pour le bien de mon âme et de mes prédécesseurs je le leur confirme par l'autorité du présent écrit. »

Au commencement de janvier de cette même année, les religieux de Longuay avaient acheté de Raynier de Lignerolles, pour 40 sous, monnaie de Provins, « tout le fief de la moitié du pré de sire Guillaume de Gurgy, chevalier, lequel pré était situé au finage de Lignerolles et des Goules, entre celui de l'abbesse de Vauxbons et le pré desdits abbé et religieux de Longuay. » Peu de temps après, nos religieux complétèrent l'acquisition du domaine ou seigneurie de Lignerolles et des Goules, en achetant du même Raynier, damoiseau, fils de Hugues de Latrecey, chevalier, tout ce qu'il possédait au moment de la vente sur les territoires de ces deux villes, consistant, comme porte la charte, « en toute justice, hommes, femmes, maisons, terres, prés, eaux, pêcheries, fours, moulins, etc. » L'acte de cette vente fut dressé en cour de Langres et scellé par l'official du diocèse, au mois de janvier de l'an du Seigneur 1267.

Avant de mourir, dame Alix de Rouvres, dont nous avons déjà plus d'une fois rencontré le nom dans la nomenclature des bienfaiteurs de notre abbaye, avait fait, pour le repos de son âme et de son fils Haymon, à l'abbé et au couvent de Longuay « l'aumône de 4 setiers de blé, moitié froment, moitié avoine, à prendre sur la dîme de Rouvres, et que son fils Hugues, ou ceux qui posséderaient la dîme devraient payer aux religieux le jour de la Toussaint. » Quand Hugues fut maître de l'héritage de sa mère il oublia la pieuse donation que celle-ci avait faite : c'est pourquoi les religieux de Longuay le citèrent à la cour de Langres. Hugues comparut devant l'official. Lorsque l'affaire eut été mûrement examinée, Hugues, se rendant à l'évidence et à la justice, promit d'acquitter sa dette à l'avenir. Il voulut même que lui ou ses héritiers encourussent l'excommunication, dans le cas ou quelque infraction à ses engagements pourrait leur être imputable. L'acte fut dressé le vendredi avant la Saint-Michel de l'an 1263.

Sept ans après, au mois de décembre 1270, un autre personnage de Rouvres, Étienne, damoiseau, s'étant présenté devant l'official de Langres, qui était alors maître Jean, reconnut que son père, le chevalier Girard, étant sur le point de rendre le dernier soupir, « avait donné en pure aumône à Dieu et à l'église du monastère de Longuay 2 setiers de blé, moitié avoine, moitié froment, à prendre sur son moulin de Veuxaulles, » entendant lier par cette donation ses héritiers à qui le moulin appartiendrait après sa mort. Cette reconnaissance faite, Étienne s'engagea, lui et ses héritiers, à accomplir fidèlement les dernières volontés de son père. L'acte en fut dressé et scellé en cour de Langres au mois de décembre 1270. Deux ans après, au mois de mai 1272, cette donation reçut une confirmation nouvelle de Jobert, doyen de Châtillon-sur-Seine.

En 1271, nos religieux, qui avaient besoin d'une terre propre à la fabrication des briques, achetèrent de « sire Haymon d'Arbot et de noble dame Jeannette, son épouse, » qui comparurent, afin de dresser acte de la vente, pardevant Pierre de Châteauvillain, clerc juré de la cour de Langres et spécialement député à cet effet, « une terre située au finage d'Arbot, auprès du moulin d'Aunet, et qui était à leur convenance. Outre ce champ les religieux achetèrent diverses autres propriétés sises au même finage, et qui pouvaient leur offrir les ressources qu'ils désiraient avoir. Cette acquisition coûta aux Frères de Longuay la somme de 14 livres, « dont les vendeurs reçurent le paiement en bon argent comptant. »

A part une longue attestion ou confirmation de droits accordés à notre abbaye sur la forêt de Faye, attestation que donna l'official de Langres, « le vendredi d'après la Trinité 1276, » nous n'avons trouvé dans les documents aucun fait se rapportant à la période de 1272 à 1277. La raison de ce calme est probablement dans une absence assez longue que Thierry dut faire dans ce temps-là pour se rendre au concile de Lyon. Ce concile, le quatorzième général, que le pape Grégoire X convoqua pour l'an 1274, qu'il présida lui-même, et qui avait pour but de favoriser et de conclure la réunion des Grecs à l'Église romaine, attira, en effet, un grand nombre d'évêques, de prélats et d'abbés. Au nombre des évêques figurait l'évêque de Langres, Gui II de Genève, qui se rendit à Lyon, entouré sans doute des abbés de son diocèse.

Les dernières années de l'abbatiat de Thierry furent occupées et agitées par diverses affaires, qui, commencées en 1277, ne furent résolues qu'en 1280, nous voulons dire l'acquisition d'une partie de la dîme de Latrecey, et les querelles qui furent suscitées à notre abbaye à cette occasion, et encore à propos d'un sixième de la dîme de Saint-Martin.

Une charte émanant de l'officialité de Langres nous apprend que nos religieux achetèrent, au mois d'août 1277, de Marguerite de Chargey, veuve de Guillaume de Chargey, et de leurs enfants Ode et Jagerte, pour 42 livres, monnaie de Tours, qu'ils payèrent comptant et dont ils reçurent quittance, « la onzième partie de toute la dîme de la ville et du finage de Latrecey. » Les vendeurs s'étant dépouillés de tous droits, domaine et possession, en donnèrent l'investiture à l'abbé et au couvent de Longuay, s'engageant à ne rien entreprendre contre ce marché; offrant toutes les garanties ordinaires, et se soumettant même à l'excommunication, dans le cas où ils se rendraient coupables de quelque tentative injuste contraire à la convention.

Ce fut précisément le onzième que notre abbaye venait d'acquérir, qui donna naissance à une querelle entre le prieur de Latrecey, moine de Saint-

Eugende, et l'abbé et les religieux de Longuay. Le prieur prétendit que l'on devait faire onze parts de la dîme : une pour lui, deux pour le curé de Latrecey, et les huit autres pour le couvent de Longuay. Nos religieux, au contraire, qui s'exagéraient leurs droits, déclaraient que la dîme leur appartenait tout entière. On voit que nos contendants étaient, comme l'on dit, loin de compte ; une telle lutte de prétentions pourrait être aujourd'hui la source de procès interminables et ruineux. Mais la charité fraternelle ne tarda guère à pacifier cette querelle et à ramener la concorde et l'union.

Les uns et les autres ayant résolu de confier la solution de cette affaire à l'arbitrage d'hommes de bien, et ayant promis de se conformer au jugement des arbitres, on en référa à l'archidiacre de Langres et au doyen de la Chrétienté de Châtillon-sur-Seine. Or voici comment le débat fut clos :

« Le prieur de Latrecey, quand il lui plaira et après s'être entendu avec le curé, prendra un chariot attelé d'un cheval assez fort pour conduire ladite dîme, et recevra, au temps convenable, pour lui et pour le curé, les trois onzièmes de la dîme en grain, paille et foin. Quant aux huit autres onzièmes, ils resteront en la possession pacifique et tranquille de l'abbé et des religieux de Longuay. Si le prieur ne veut pas lever lui-même sa part et celle du curé, les religieux de Longuay seront tenus de conduire en un lieu convenu toute la dîme de Latrecey ; et là, elle sera divisée en autant de parts qu'il a été dit plus haut. » Tel est l'arrangement qui ramena la paix entre le prieur de Latrecey et les Cisterciens de Longuay, et qu'approuvèrent et confirmèrent l'évêque de Langres et l'abbé de Saint-Eugende, le premier, seulement en 1282, et le second, au mois de septembre de l'année même où cet arrangement fut conclu, c'est-à-dire en 1278.

Cependant la richesse, tout en mettant les hommes à l'abri du besoin, ne les protége pas contre les inquiétudes et les ennuis, et si elle leur donne abondamment la nourriture et le vêtement, on dit qu'elle les expose singulièrement à la jalousie et à la convoitise des autres. Il en est des institutions comme des individus, et les religieux de Longuay subirent de temps en temps le joug d'une loi qui pèse sur tout homme ayant de grandes propriétés. Mais, et nous nous hâtons de le dire, que ceux que cette observation intéresse ne s'affligent point d'une semblable nécessité... Au contraire, qu'ils remercient le ciel qui, en leur donnant la jouissance de grands biens, les avertit que le cœur de l'homme est plus vaste que la terre, et qu'il ne doit pas s'inféoder aux choses qui périssent, et dont un jour, bon gré mal gré, il faudra bien qu'il se sépare.

Donc nos religieux jouissaient à peine de la paix que leur avait donnée la solution de la question de la dîme de Latrecey, quand ils virent de nouveau leurs droits attaqués en pareille matière, sur un autre point de leur vaste territoire ; nous voulons dire à propos d'un sixième de la dîme de Saint-Martin.

Dame Isabelle, femme de monseigneur Guillaume de Bricons, chevalier, dit Martoillot, amena, du consentement de messire Guillaume, l'abbé de Longuay en la cour de monseigneur de Châteauvillain, réclamant comme y ayant un droit fondé sur l'hérédité, la sixième partie des dîmes de Saint-Martin-les-Autreville. L'affaire fut, paraît-il, longue à examiner, et l'on dut se livrer aux recherches les plus minutieuses dans les titres anciens. Nous avons vu à quelle occasion ces dîmes furent accordées, au douzième siècle, à notre abbaye.

Enfin la question fut résolue, et cette fois à l'avantage de nos religieux. Dame Isabelle et son mari reconnurent par devant Renaux, curé et chanoine de Châteauvillain, et Pierre, curé de Saint-Martin, qu'ils n'avaient aucun droit sur ce sixième de la dîme ; mais que « cette sixième partie était es devant dits abbé et couvent de Longué pour ce qu'ils l'ont acquise par bons titres et tenue si longtemps que c'est leur droit. » A la demande de Guillaume et de sa femme Isabelle, Renaux et Pierre rédigèrent un acte attestant leur déclaration. Cet acte fut fait et scellé au mois de juin de l'an de grâce 1280, l'année même où l'abbé Thierry rendit son âme à Dieu, après avoir gouverné pendant trente-quatre ans l'abbaye de Longuay [1].

Si nous exceptons quelques pièces illisibles, qui furent transcrites, dans les siècles suivants, sur les pages restées blanches du Cartulaire de Longuay, la charte que donnèrent, à propos des dîmes de Saint-Martin, le curé de Châteauvillain et celui de Saint-Martin, est la dernière de toutes celles qui y furent insérées : elle est écrite en français. Nous verrons qu'à partir du quatorzième siècle, et nous n'en sommes pas bien éloignés, puisque cette charte est de 1280, les Cisterciens de Longuay n'agrandirent plus, sinon par des acquisitions peu importantes, les propriétés du monastère, et qu'ils se contentèrent de jouir, aussi pacifiquement que les événements le leur permirent, mais sans oublier qu'ils étaient devenus, par le fait, les intendants de la Providence auprès des pauvres, des biens que le ciel leur avait accordés. Certes

1. Cartulaire de Longuay, fol. 23.

une belle part leur avait été faite ; et si, arrivé à son heure suprême, Thierry se prit à réfléchir à la situation dans laquelle il laissait ses enfants, qui allaient le perdre, il dut bénir la main de Dieu et mourir en paix, en voyant, comme dit un poète :

« .... de toutes parts combler d'heur sa famille,
La javelle à plein poing tomber sous la faucille,
Le vendangeur plier sous le faix des paniers ; »
En voyant « qu'à l'envi les fertiles montagnes,
Les humides vallons et les grasses campagnes, »
S'efforçaient « à remplir sa cave et ses greniers » 1.

1. Stances de Racan.

CHAPITRE X

Robert, dixième abbé de Longuay. -- Acquisitions à Lignerolles. -- Échange. -- Mort de Robert. -- Raoul II, onzième abbé. -- Affaire avec l'évêque de Langres. -- Pierre Ier, abbé de Longuay, prête serment à l'évêque de Langres. -- Abbatiat de Parisis. -- Opérations à Dancevoir et aux Goules. -- Concile de Vienne. -- Gui II, quatorzième abbé. -- Accord pieux avec Lugny. -- Mort de Gui. -- Michel, abbé de Longuay. -- Sa mort en 1344. -- Jacques, abbé : les Goules, Lignerolles, Aubepierre. -- Mort de Jacques. -- Jean Ier, dix-septième abbé. -- Sa démission. -- Élection d'Évrard III. -- Sa mort en 1399. -- Jean II, dix-neuvième abbé. -- Sa mort aux calendes de juin.

Peu de temps après la mort de l'abbé Thierry, arrivée en 1280, la communauté de Longuay élut pour lui succéder Robert, qui gouverna pendant sept ans. Il fut le dixième abbé cistercien, puisque nous ne comprenons pas dans la liste des abbés Chrétien, qui fut le fondateur de la maison et le prieur des Chanoines de Saint-Augustin.

Dès la première année de son abbatiat, Robert s'appliqua à agrandir les propriétés de sa maison, par des acquisitions dont une partie assez considérable eurent pour fin de compléter certaines portions de l'héritage monastique. Robert porta principalement son attention sur le fief de Lignerolles, auquel il ajouta quelques pièces de terre et des droits nouveaux, et sur Latrecey, où, comme nous le dirons, il fit un simple échange [1].

A Lignerolles, « nos religieux achetèrent, en 1280, d'Ameline, femme de Henri de Floigny, deux parties d'une certaine place sise devant l'église, moyennant 46 sous, 6 deniers; « en 1281, de Henri de Floigny, « sa part d'un pré situé entre Lignerolles et les Goules, au lieudit les Hastes, moyennant 16 sous tournois; » en 1283, « de Jean de Lignerolles et de sa femme, plusieurs parties de prés partables » avec les religieux de Longuay, « sises au finage de Lignerolles, lieudit aux Charmoilles, moyennant 6 livres. »

L'année suivante, 1284, Simon de Latrecey, damoiseau, fils de Simon, autrefois vicomte de Latrecey, vendit à notre abbaye, pour la somme de 900 livres, « ses hommes et femmes demeurant à Lignerolles et les Goules; sa forteresse de Lignerolles avec le pourpris d'icelle, jardin derrière et grange devant; 7 fauchées et demie de prés situées

---

1. Archives de la Haute-Marne.

au Pré-du-Chêne ; enfin tout ce que son père et sa mère possédaient au jour de leur décès, à Lignerolles et les Goules, en hommes, femmes, terres, prés, maisons, masures, édifices, eaux, fours, moulins, tailles, cens, corvées, coutumes, justice haute et basse, amendes, bois, pêches, pâturages, poules, etc. » Deux ans après, Jean de Lignerolles, dont nous avons parlé tout à l'heure, vendit encore à nos religieux « un journal de terre situé au finage de Lignerolles, proche le chemin qui va à Dancevoy, et deux pièces de prés situées au lieu dit le Presle, contenant cinq quarts de fauchée, moyennant la somme de 18 livres. La même année, 1286, Ameline, femme de Henri de Floigny, « engagea, pour la somme de 80 livres, aux religieux de Longuay tout ce qu'elle possédait et prétendait en la justice haute et basse de Lignerolles et les Goules en la main morte, sur ses hommes et femmes desdits lieux ; plusieurs champs et prés, comme aussi tout le bois situé au-dessous des Goules, au lieudit les Combes ou Champ-Grand, » entre le bois que les religieux avaient précédemment acheté de Jean de Rouvres, et le bois qui avait appartenu à Simon de Latrecey. Telles sont les acquisitions que l'abbaye fit à Lignerolles du temps que Robert la gouverna.

On n'a peut-être pas oublié que la dîme de Latrecey fut un sujet de querelle entre le prieur, de l'ordre de Saint-Eugende, et les religieux de Longuay, non plus que l'arrangement que proposèrent les arbitres et que les parties acceptèrent. C'est cette dîme qui fut, en 1282, l'occasion d'un arrangement nouveau que nous allons faire connaître.

Aux termes de l'acte du mois de février, le curé de Latrecey, qui avait droit à un onzième de la dîme, conserva sa portion, plus 2 setiers de blé, moitié froment et avoine, pris sur les huit portions qui avaient été laissées, nous l'avons vu, aux religieux de Longuay. Quant aux deux onzièmes qui revenaient de droit au prieur de Latrecey, « Gui, abbé de Saint-Eugende, les donna à perpétuité aux religieux de Longuay, ainsi que la part qu'il avait droit de percevoir sur les menues dîmes des deux Dancevoir. » En retour et en échange, l'abbé Robert donna à perpétuité au prieur de Latrecey tout ce que « les religieux de Longuay avaient aux dîmes de Silvarouvre par eux acquis de noble femme Facette de Silvarouvre, du consentement de Thomassin de Ricey, homme d'armes, mari de Facette ; » plusieurs terres et une vigne situées sur le finage de Latrecey. Tels furent les actes de l'administration de Robert. Cet abbé, qui ne gouverna que sept ans, mourut en 1287 ; il fut remplacé par Radulphe, ou Raoul, deuxième du nom. Raoul est mentionné comme abbé de Longuay dans une charte de l'an 1287, se rapportant à l'abbaye d'Auberive.

Les premières années de l'abattiat de Raoul II durent être singulièrement troublées par une grave querelle, que notre abbaye eut en ce temps-là avec l'évêque de Langres, à l'occasion de la seigneurie de Dancevoir. A part un engagement que firent à nos religieux, en 1288, Henri de Floigny et sa femme, dont il a déjà été question à plusieurs reprises, pour la somme de 300 livres, de tout ce qui pouvait leur appartenir à Lignerolles et aux Goules, savoir : la justice grande et petite de ces villes, tout ce que les habitants des mêmes villes leur payaient au jour de la Saint-Remi et en mi-carême, le pré sire Hugues, plusieurs prés et terres, les tailles, cens, redevances et autres droits seigneuriaux ; à part une vente que firent la même année aux religieux de Longuay, pour une somme que rien n'a pu nous faire connaître, « Régnier de Lignerolles et Guillaumette, sa femme, d'une maison située à Lignerolles et d'un journal de terre en chènevière, la moitié auprès du moulin, la moitié sous la maison des Lépreux ; » et l'acquisition sur Jean de Chaudenay d'un pré de 6 fauchées, dit le pré Dame-Reine, au finage des Goules, que nos religieux payèrent 40 livres ; à part ces quelques opérations, disons-nous, la querelle que Gui de

Genève, évêque de Langres, fit à l'abbaye de Longuay, occupa presque entièrement l'abbatiat de Raoul II.

N'ayant pas en main tous les documents nécessaires à l'éclaircissement de cette importante affaire, nous ne pouvons que dire qu'elle se rapporte aux seigneuries de Dancevoir et de Lignerolles ; que les discussions furent vives, et qu'enfin, n'ayant pu être vidée par des sentences arbitrales, la querelle fut portée devant le Parlement de Paris. Voici la sentence que le Parlement rendit au mois de novembre 1289 :

« Philippe, par la grâce de Dieu, roi des Français, à tous ceux qui les présentes lettres verront, salut. Nous faisons savoir que l'évêque de Langres a formé sa demande contre l'abbé et le couvent de Longuay en la forme qui suit :

C'est la véritéz que messire l'Evesque de Leingres tout son temporel tient en fie de notre seigneur le Roy, et en est en sa foy et fait hommage-lige. Ore est auci que baron, chastellain, vavassour et autre qui home sunt monss. l'évesque ont des membrez grossement des fiez que ils tiennent de lui et mis en mains mortes d'églises, et espécialement en la main et le couvent de Lon Vé, c'est à savoir la ville de Ligneroles, la ville de Dancevoy le grant et de Dancevoy le petit, la ville de Geuroles et les appartenances de celles villes, et avecques ces chouses prez, terres, rivières, homes et justices et autres chouses à monstrer en tans et en lieu. Si requiert mess. l'évêque et demande à l'abbé et au couvent que ces choses dessus dictes li soient rendues et délivrées comme au Scigneur de qui fiez ces choses sont desmembrées et yssues et des hommes de sa poesté, ce se li est conveny; et se il li est niez, il offre a prouver ce qui li soffira.

Fait au parlement de la Saint-Martin d'hiver, l'an du Seigneur 1289 »[1].

La mort de Gui de Genève, qui arriva sur la fin de 1290, ou au commencement de 1291, empêcha peut-être qu'on ne donnât suite à la déclaration qu'on vient de lire, et qu'on ne produisît les preuves contradictoires aux prétentions bien fondées de notre abbaye. Ce qui est certain, c'est que nos religieux continuèrent à jouir de leurs droits seigneuriaux sur « Dancevoy-le-Grand, sur Dancevoy-le-Petit et sur Lignerolles. »

Raoul II suivit de près Gui de Genève au tombeau : il mourut, en effet, vers l'an 1294 ou 1295, c'est-à-dire avant le sacre de Jean Ier de Rochefort, évêque élu de Langres. Pierre Ier, successeur de Raoul II dans la charge abbatiale de Longuay, ne

---

[1]. Cartulaire de l'évêché de Langres, fol. 228, verso.

nous est en effet connu que par la promesse d'obéissance qu'il fit « à Jean, évêque élu et confirmé de Langres, » mais non sacré. Or Jean Ier, qui paraît avoir été élu en 1294, ne prit possession de son siége que sur la fin de 1296, l'année même, sans doute, où il reçut la consécration épiscopale.

Pierre, premier du nom, que la communauté de Longuay avait mis à sa tête après la mort de Raoul II, gouverna l'abbaye jusqu'à l'an 1300 environ. Mais il mourut sans avoir attaché son nom à aucune affaire important beaucoup aux intérêts extérieurs de la maison. Il eut pour successeur Parisis, treizième abbé, qui gouverna jusqu'en l'an 1315.

Dès la première année de l'abbatiat de Parisis, c'est-à-dire en l'an 1300, « les manants et habitants des Goules reconnurent et confessèrent devant l'official de Langres, qu'ils étaient taillables une fois l'an aux sieurs abbé et religieux de Longuay, leurs seigneurs, de la somme de 25 livres. » Cette taille devait être acquittée le lendemain de la Saint-Martin d'hiver. Ils reconnurent en outre « que pour la levée de ladite taille ils devaient nommer parmi eux deux prud'hommes pour en faire la répartition ; qu'ils devaient chacun, savoir : les laboureurs, trois corvées de charrue, un jour à la semaille des trémois, un en sombre et un à la semaille des blés ; les manouvriers, une corvée de bras aux fenaisons. »

Le titre ajoute que les habitants des Goules s'obligèrent à faire et à continuer ces corvées comme ils avaient fait par le passé, « le tout sans préjudice des autres droits et redevances qu'ils devaient à leurs seigneurs, tant de cens en argent, blé, tierces, poules et généralement etc. » Plus tard, la taille, qui était de 25 livres, comme on vient de le voir, fut réduite à 17 livres, 17 sous, 8 deniers, par la raison que les religieux de Longuay acquirent au territoire des Goules plusieurs héritages qui se trouvaient grevés. La même année, les religieux de Longuay conclurent un accord avec les religieuses de Vauxbons « touchant la construction d'un moulin aux Goules. »

En 1304, un accord fut fait entre « messieurs de Longuay et messire Henri, curé de Dancevoir, par lequel lesdits sieurs furent maintenus dans le droit de lever et percevoir par moitié avec le curé, toutes les oblations, aumônes, legs, etc., qui se font à l'église de Dancevoir, tant pour les vivants que pour les morts. » Ce droit s'appelait patronage.

Comme les religieux de Longuay pouvaient difficilement, grâce aux chicanes que leur faisaient le procureur de Monseigneur de Langres et ses tireurs de mine, user des droits qui leur avaient été concédés, depuis plus d'un siècle, par les évêques de Langres, de tirer à leur profit de la mine sur le territoire de la Chaume, ils en appelèrent au bailli de Langres. Celui-ci, par sentence rendue en 1312, reconnut et maintint les droits de l'abbaye, et condamna le procureur et ses ouvriers. Quelques années plus tard, en 1314, Guillaume de Lignerolles et Jeanne, sa femme, cédèrent à la maison de Longuay deux bois qui étaient de leur fief. Ces bois étaient situés « au finage de Lignerolles, l'un près du Champ-Rolland des Goules, et s'étendait jusqu'au bois des religieux ; l'autre, nommé Jarille, et aussi près du Champ-Rolland.

Ce fut pendant que Parisis gouvernait l'abbaye de Longuay que se tint, à Vienne, le concile où fut aboli l'ordre célèbre des chevaliers du Temple. Il paraît que Parisis assista à ce concile. L'ordre des Templiers, institué pendant les croisades pour la défense du temple de Jérusalem, mérita par sa bravoure une réputation qui attira dans son sein une foule de chevaliers. Devenu riche et puissant, il excita l'envie et fut accusé de crimes énormes. Philippe-le-Bel, qui avait épuisé ses finances dans ses longues guerres contre l'Angleterre et les Flamands, et dont l'avidité était stimulée par les richesses des Templiers français, prêta une oreille complaisante aux accusations dirigées contre eux. Les chevaliers du Temple furent arrêtés, torturés dans les cachots, où l'on arracha à quelques-uns des plus timides l'aveu des crimes dont on les accusait. On sait le reste.

Or les Templiers possédaient à Gurgy-le-Château une forteresse puissante; dans le pays des propriétés considérables, et en particulier dans la vallée de l'Aube, dit-on, la métairie de Chemin-Bœuf, à quatre kilomètres de Longuay en amont de l'Aube. Ce voisinage fut sans doute le motif pour lequel l'abbé de Longuay fut convoqué au concile de Vienne, si toutefois il est certain qu'il y fut appelé et qu'il s'y rendit. Quoi qu'il en soit, nous pensons que ce fut à cette époque que notre abbaye acquit des droits sur la métairie de Chemin-Bœuf, autour de laquelle elle possédait, dès les premiers temps, quelques parcelles du sol. La métairie consistait « en demeurances, granges, écuries, terres labourables, prés et chènevières. » Il ne reste plus des anciens titres que des baux à ferme [1].

Après avoir gouverné environ seize ans, Parisis mourut la veille des ides de novembre 1315. La même année, l'autorité abbatiale fut remise par la communauté aux mains de Gui, deuxième du nom et quatorzième abbé.

La veille de la Saint-Mathias de l'an 1316, le nouvel abbé de Longuay et tout le couvent passèrent

---

1. Archives : fonds de Longuay, 3e liasse, 7e dossier.

avec Eudes, sire de Vaudrémont, chevalier, et Alizaud d'Ormoy, sa femme, un accord dont voici la teneur : « Les religieux quittent aux seigneur et dame d'Ormoy tous les arrérages de grains qu'ils leur doivent sur le moulin d'Ormoy, moyennant que lesdits seigneur et dame paieront aux religieux la somme de vingt et une livres. » Ensuite les religieux reconnurent qu'ils n'empêcheraient pas la « justice grande et petite du chevalier et de la dame d'Ormoy ; » et ceux-ci, de leur côté, promirent « en bonne foi de continuer à payer à l'abbaye quatre setiers de froment et quatre setiers et demi d'orge loyal et marchand, » tous les ans à la Saint-Remi, comme redevance sur le moulin d'Ormoy, ou sur leur grange, si le moulin ne pouvait suffire à la redevance. « Pour sûreté de quoi le chevalier et la dame d'Ormoy s'obligent, eux, leurs hoirs et leurs successeurs, et tous leurs biens à vendre et à dépendre. En témoignage ils ont apposé audit accord leur scel et requis celui de Pierre de Jaucoux, seigneur de Dinteville, chevalier, leur oncle. »

L'année suivante une donation assez importante fut faite à l'abbaye : nous ne devons pas la passer sous silence. « Damoiselle Agnès, fille de Jean de Lignerolles, homme d'armes, donna, avec le consentement de son mari, pour le repos de son âme et en considération de ce que ses prédécesseurs reposaient dans l'abbaye de Longuay, tous ses bois, terres cultes et incultes, arables et non arables, situés au finage de Lignerolles, lieudit en la côte de la vigne du sieur Régnier dessus et dessous. » Les bois et terres aboutissaient d'une part sur les bois de l'abbaye et sur ceux de Fourcaud, frère d'Agnès, et s'étendaient jusqu'à la forêt de la Chaume. Elle donna « ensemble et singulièrement tout ce qu'à juste cause elle possédait à Lignerolles, en hommes, redevances, profits, émoluments, moulins, fours, tailles, cens, justice haute et basse, amendes, poules, corvées tant des hommes que des animaux, eaux, bois, pasnages, terres, masures, jardins, vergers, maisons et vignes. ». Cette donation est de l'an 1317. En 1318, Gui II acheta « moyennant cinquante sous » un pré à la Lucine ; et en 1319, « moyennant quelques setiers de froment et d'avoine que les religieux s'engagèrent à payer annuellement à Gui d'Arbot, homme d'armes, » de nouveaux droits seigneuriaux « en la ville des Goules. »

Deux ans après, c'est-à-dire en 1321, l'abbé Gui forma, en son nom et au nom de la communauté dont il était le père, une association perpétuelle de prières avec la maison de Lugny. Les Chartreux et les Cisterciens s'engagèrent par la promesse mutuelle de prier Dieu les uns pour les autres, tant pendant la vie qu'après la mort. Cette association fut un des derniers actes de l'abbé Gui, qui mourut après avoir gouverné huit ans l'abbaye de Longuay. Sa mort arriva la veille des nones de décembre 1323.

Son successeur fut un religieux nommé Michel, qui administra la maison depuis l'an 1323 à l'an 1344. Si nous exceptons quelques échanges peu importants faits à Lignerolles par les religieux de Longuay du temps de Michel, échanges qui se rapportent aux années 1326, 1332 et 1342, le seul souvenir qui nous reste de cet abbatiat est un traité que la maison passa avec Hugues, duc de Bourgogne. Comme la grange de la Lucine était de la garde de Hugues, celui-ci prétendit avoir en conséquence le droit de réclamer l'hébergement pour ses valets et pour ses chevaux, tant dans l'abbaye même qu'en la métairie de la Lucine. D'abord les religieux refusèrent d'admettre une semblable conclusion ; mais enfin, pour le bien de la paix, ils se résignèrent à donner au duc de Bourgogne la somme de 200 livres tournois, à condition qu'à l'avenir ils seraient déchargés de la servitude que le duc, leur protecteur, voulait leur imposer. A la même époque, c'est-à-dire en 1339, l'abbaye de Longuay possédait une maison à Langres. Nous avons le regret de dire que rien n'a pu nous mettre sur la trace de l'endroit où cette maison était située, non plus que de l'usage précis auquel elle était destinée. C'était sans doute une maison de refuge pour l'heure des orages, ou encore un pied à terre pour l'abbé et les religieux, que leurs affaires appelaient de temps en temps au séjour de l'évêque.

D'après l'abrégé chronologique inséré dans l'inventaire général du fonds de Longuay, « le roi Philippe, qui était alors Philippe VI de Valois, par charte donnée à Vincennes, du temps que Michel était abbé de Longuay, confirma pour lui et pour ses successeurs rois de France, tout ce que les rois ses prédécesseurs avaient donné et octroyé à l'abbaye de Longuay. » Nous n'avons pas vu cette charte.

Michel mourut le 4 des calendes d'avril 1344.

Le seizième abbé fut Jacques, qui acheta, en 1364, pour la somme de 100 livres, « de noble homme messire Sancey de Nogent, chevalier, tous les droits seigneuriaux et l'héritage qu'il avait acquis de Jean d'Arbot et de ses frères. » Ces droits se rapportaient au territoire de Lignerolles, et étaient de la mouvance féodale des religieux de Longuay. La même année, la prévôté de Chaumont imposa son sceau à la donation que « noble damoiselle Marguerite de Jussey, femme de Henri de Clermont, damoiseau, avait faite précédemment, avec l'autorisation de son mari, à l'église et aux religieux de Longuay de la moitié de son moulin situé en la ville d'Aubepierre ; » de son four situé en la même ville, « avec l'usage pour ledit four à prendre dans la forêt du Perrier ; » sa maison, « avec les aisances d'icelle devant et derrière, située audit lieu, entre la voie commune et la maison Charel. » L'année suivante, Olivier de Jussey, chevalier, sire de Rochefort et de Latrecey (en partie), neveu de la donatrice, ratifia cette donation.

Jacques administra l'abbaye de Longuay au milieu des circonstances les plus difficiles, c'est-à-dire à l'époque où, sous Philippe de Valois, commença la guerre de cent ans, et où notre pays était ravagé par deux autres fléaux aussi redoutables que la guerre. Une peste, la plus terrible dont l'Europe ait conservé le souvenir, y enleva, disent les historiens, le quart des habitants : elle avait été précédée et fut suivie d'une horrible famine.

L'abbé de Longuay mourut, après avoir vu enlever par le fléau ses amis et ses proches, le huit des ides de novembre, comme nous l'apprend le Nécrologe domestique. Il eut pour successeur dans le gouvernement abbatial Jean, premier du nom.

Le seul acte que nous connaissions de l'administration de Jean Ier, est un échange qu'il fit « avec Frère Jean Garnier d'Aujeux de la sainte maison de l'hôpital de Jérusalem, Prieur de Champagne » ; cet échange se rapportait au territoire des Goules et de Lignerolles. Voici quels furent les arrangements conclus entre les deux maisons.

Frère Jean Garnier, agissant en sa qualité de Prieur de Champagne, donna aux religieux de Longuay « tout ce que l'église et les religieuses de Vauxbons avaient aux Goules, en maisons, terres, jardins, droits d'usage de bois et rivière, censives, patrons et autres libertés ecclésiastiques, que tenait et possédait la maison de Mormant. » Ces divers droits étaient venus en la possession des chevaliers de l'Hôpital, en vertu d'un échange qui avait été fait antérieurement entre l'abbesse et les religieuses de Vauxbons et le Frère Nicole de Villers-sur-Suize, autrefois commandeur de Mormant et de Bugey. En retour « les sieurs vénérables de Longuay donnèrent et remirent à la maison de Mormant quatre setiers de blé, moitié froment et avoine, que ladite maison devait à celle de Longuay, » et qui étaient payables le lendemain de la Saint-Denis. De plus, les religieux de Longuay s'engagèrent à payer au commandeur de Mormant « annuellement et perpétuellement, au jour de la Saint-Martin d'hiver et au lieu et village des Goules, huit setiers par moitié blé couseau et avoine, à la mesure de Longuay, à peine pour le défaut de payer cinquante sous. » Cet acte fut rédigé le jour de l'Assomption de Notre-Dame 1374.

Jean Ier dit de Dancevoir, ne garda pas jusqu'à la fin de sa vie le gouvernement abbatial. Vers l'an 1380, il donna sa démission entre les mains de l'abbé de Clairvaux. Neuf ans plus tard, le huit des calendes d'octobre, il mourut après avoir porté, le reste de ses jours, le titre d'ancien abbé. Après la démission de Jean Ier, la communauté élut pour abbé Évrard, troisième du nom, également dit de Dancevoir.

En ce temps-là plusieurs difficultés surgirent, à propos de la pêche, entre les religieux de Longuay et les habitants de Dancevoir. D'abord elles furent aplanies par un compromis passé entre les intéressés, en vertu duquel on nomma des arbitres pour juger et vider la querelle. Ce compromis est de l'an 1393. Cependant une question du même genre s'étant représentée deux ans plus tard, il fallut cette fois recourir au Parlement, et obtenir une sentence de la cour.

La sentence du Parlement amena, entre les religieux et les habitants de la ville de Dancevoir, un accord par lequel « lesdits sieurs religieux donnèrent, par grâce spéciale, auxdits habitants leurs sujets, et à leur supplication et requête, leur aisance, droit de pêche et pouvoir de pêcher dans la rivière d'Aube avec iceux sieurs religieux, sans faire écluse, à partir du pâtis de Glapigny, qui est au bout du dessus de Dancevoir. » A cet endroit l'Aube se séparait en trois bras, « qui coulaient le long des murs de Dancevoir jusqu'à la chaussée du Pont-des-Vendoises, et de cette chaussée du bras qui coule devers ledit Dancevoir jusqu'à la Tannerie-au-Closier, tout le surplus de ladite rivière, dessus, dessous et à côté, demeurant banale auxdits sieurs de Longuay seuls et pour le tout. » Cet accord, dont les termes peuvent être clairs pour ceux qui sont du pays, ayant été adopté, on planta des bornes à chacun des endroits indiqués. Cela se passa au mois de février 1396.

Cette lutte avec les habitants de Dancevoir était à peine pacifiée, que notre abbaye eut à combattre les prétentions du seigneur d'Arc et du duc de Bourgogne, à propos des limites de la Lucine. Les archives nous ont conservé deux pièces relatives à cette affaire : premièrement, « une main-levée par le bailli de la Montagne de la main mise par le duc de Bourgogne sur les biens que l'abbaye de de Longuay possède à la Lucine et autres pays de Bourgogne, en conséquence des amortissements.. » Deuxièmement, « une sentence de maintenue du finage de la Lucine contre noble seigneur M. de Saint-George, chevalier, seigneur d'Arc, par laquelle il est déclaré que la Combe du Charmoy et la Pierrière, ou Lavière, où les chevaux de Lon-

guay furent pris, sont du finage de la Lucine. »
Cette double sentence fut rendue le 28 mars 1397.

Après avoir vigoureusement défendu les droits de son abbaye, et heureusement terminé les procès qui donnèrent lieu aux deux sentences que nous venons de rapporter, Évrard III mourut subitement, en 1399, en se rendant à Matines. Il tomba mort sous le cloître, auprès de la porte de l'église.

La communauté de Longuay élut à la place d'Évrard, qu'un décès si soudain venait de lui ravir, Jean, deuxième du nom, qui fut le dix-neuvième abbé cistercien. Nous allons rapporter brièvement les principaux faits qui caractérisèrent l'abbatiat de Jean II.

Les Cisterciens d'Auberive avaient donné, en 1229, à leurs Frères de Longuay, une portion de la dîme de Latrecey, à condition que ceux-ci acquitteraient eux-mêmes la dette annuelle dont le donateur, Hugues de saint Broingt, l'avait grevée, et qui consistait « en vingt setiers, moitié froment, moitié avoine, mesure de Latrecey. » Pendant près de deux siècles, les religieux de Longuay s'acquittèrent exactement de cette redevance ; mais enfin ayant trouvé la charge trop lourde, ils portèrent plainte au chapitre général de Citeaux, qui fut tenu le 14 septembre 1404. « Il y a, disaient nos religieux, une grande lésion pour nous dans la rétrocession que nous ont faite, en 1229, nos Frères d'Auberive. En conséquence nous offrons de donner la juste estimation de la dîme, ou d'abandonner la portion qu'on nous a cédée. » Jacques, abbé de Citeaux, et les autres Pères et définiteurs du chapitre général, eurent égard à l'humble supplication des religieux de Longuay, et, « vu la lésion qu'il y avait à cette rétrocession, réduisirent la redevance de vingt setiers à dix-sept, moitié froment et avoine, mesure de Longuay, » réformant en ce point l'accord qui avait été fait, en 1229, de l'autorité de l'abbé de Clairvaux.

Les autres actes de l'administration de Jean se réduisent : 1° A une lettre portant « pouvoir donné par Frère Jean, abbé de Longuay, à Frère Roger de Lignerolles, pour gouverner et régir la ferme et les revenus de la Lucine. » Cette lettre est du 4 mars 1405. 2° A un acte concernant l'élection faite par devant notaire, par les habitants de Lignerolles, de deux prud'hommes chargés de répartir les vingt livres de taille seigneuriale, que les habitants de Lignerolles devaient aux religieux de Longuay. Cet acte est de l'an 1406. Jean II mourut en 1416, le 4 des calendes de juillet, jour où le Nécrologe domestique fait mention de lui.

CHAPITRE XI

Simon, vingtième abbé. — Désastres. — Mort de Simon. — Abbatiat de Pierre II. — Lignerolles; Dancevoir; Aubepierre. — Mort de Pierre II. — Guillaume de Châlons, vingt-deuxième abbé. — Lignerolles; Dancevoir; Aubepierre, etc. — Mort de Guillaume. — Bernard, vingt-troisième et dernier abbé cistercien. — Le prieur Simon. — Nouvelle destinée.

Simon, qui fut le successeur de Jean II et vingtième abbé cistercien de Longuay, administra la maison de l'an 1416 à l'an 1437. Cette période fut particulièrement désastreuse en raison de la dureté des circonstances. Du temps de Simon, en effet, le pays fut cruellement tourmenté par les luttes qui eurent pour cause l'inimitié de Charles VII et de Philippe-le-Bon, duc de Bourgogne, le fils de celui qui avait été assassiné sur le pont de Montereau. L'abbaye de Longuay ne fut pas mise à l'abri des invasions que le duc fit dans la contrée : on eut beaucoup à souffrir, car les religieux ne pouvaient rien percevoir de leurs revenus, attendu que les villages étaient presque déserts. Les habitants n'avaient pu tenir contre les rigueurs d'une telle situation. En outre, il y eut de nombreux combats livrés entre ce même duc et Guillaume, seigneur de Châteauvillain. Celui-ci perdit plusieurs places fortes, notamment Selongey, Chalencey et Grancey-le-Château. Le siège de Grancey dura trois mois : Jean de Vergy commandait les troupes du duc de Bourgogne.

Voilà en quel temps l'abbé Simon gouverna la maison de Longuay. Aussi ne devons-nous pas nous étonner de ce qu'il n'a attaché son nom à aucune opération importante pour son abbaye : le Père dut avoir assez à faire de protéger ses enfants ; de les maintenir dans le calme et la paix du cloître, malgré le tumulte occasionné par les allées et venues des gens de guerre et des bandes armées, qui sillonnaient sans cesse le pays. Simon mourut, comme nous l'apprend le Nécrologe domestique, le 5 des ides de février 1437. La même année, la communauté élut pour lui succéder Pierre, deuxième du nom, qui fut le vingt-et-unième abbé de Longuay.

Pierre recueillit un héritage difficile à administrer, et ce fut pour lui une tâche bien lourde que celle de rétablir l'ordre. Le pays, avons-nous dit, était devenu désert ; Dancevoir notamment resta pendant trois ans inhabité. Aussitôt que les habitants commencèrent à y revenir, Pierre leur fit réclamer la taille seigneuriale. Cette taille était de 120 livres et de 20 livres de cire. Cependant comme Dancevoir ne comptait encore que 20 feux, les habitants supplièrent monsieur l'abbé, leur seigneur, de vouloir bien leur faire grâce en attendant que le lieu fût repeuplé.

Nous ne saurions douter de l'accueil charitable que Pierre fit aux réclamations si légitimes des habitants de Dancevoir, bien que les documents de l'époque ne nous aient transmis sur ce point aucune donnée positive. Ce qui est certain, c'est que le droit des religieux triompha en principe dès l'année 1456, et qu'en 1458, les habitants de Dancevoir firent, par devant le lieutenant au bailliage de Chaumont, la reconnaissance de ce qu'ils devaient aux vénérables abbé et religieux de Longuay, leurs seigneurs, savoir :

« Qu'ils étaient taillables chaque année de la somme de 120 livres payables en l'octave de saint Bercaire, et de 20 livres de cire payables en la fête de l'Apparition de Notre-Seigneur. » Ils reconnurent encore « que les vénérables abbé et religieux avaient la justice haute et basse dans les deux villes de Dancevoir, et droit chaque année à une corvée de bras au temps de la moisson, et à trois corvées de charrue : une au trémois, une au sombre et une à la semaille, avec une poule chaque année. » Enfin les habitants de Dancevoir reconnurent qu'ils devraient, dans l'occasion, payer « les amendes selon la qualité du méfait, cens et dîmes ainsi que du passé. » Les religieux de Longuay avaient justice haute et basse aux bois de Dancevoir, où ils étaient chargés de mettre des forestiers pour la garde, aux frais des habitants. Ceux-ci pouvaient y prendre tout le bois qui leur était nécessaire, excepté le chêne et les arbres portant fruits, et aussi y faire paître soixante porcs au plus avec leurs nourrissons. La reconnaissance porte encore « que le fournier du four banal, qui appartient aux religieux, fagotera pour le chauffage du four, dans les mêmes bois, avec le moins de dommage qu'il pourra, excepté le foyard, le chêne et les arbres portant fruits. De même, s'il arrive qu'il faille vendre quelque portion de ces bois, on devra communiquer la résolution qui en sera prise aux vénérables religieux, et s'ils consentent à la vente, ils recevront le tiers du prix qui en reviendra. » Quant à l'amende des prises qui seraient faites dans les bois de Dancevoir, elle était de douze deniers ; celui qui était pris de nuit était, par le fait, passible de la pénalité réglée par les lois du pays. Tels sont les droits que nos religieux possédaient alors sur les deux villes de Dancevoir [1].

Dans le même temps que se fit la reconnaissance dont nous venons de parler, Villemot Lanet et Michel Hérard, prud'hommes élus par les habitants de Lignerolles, établirent le rôle de la taille seigneuriale à imposer sur leur ville. Ce rôle, qui fut fait le jour de la Circoncision, « ainsi qu'il était accoutumé, » et qui porte la taille de 1459 à la somme de 20 livres, fut approuvé par une lettre royale de de Charles VII.

L'abbé Pierre dut aussi rétablir par un nouvel accord les droits que son abbaye avait sur la ville et les habitants d'Aubepierre. Cet accord fut fait en 1460. Il nous apprend que « les habitants non nobles et non clercs de cette ville confessèrent devoir être tenus de faire, chaque année et perpétuellement, tant au seigneur qu'aux vénérables religieux, savoir : ceux qui auront chevaux, ou autres bêtes traînantes, un jour de charrue en la saison de semer les avoines ; un jour en la saison de sombrer les terres ; un jour au temps du *vain,* qui est la saison de semer les froments. » Tous ces jours devaient être « bons et suffisants. » Ceux qui n'avaient point d'animaux servant aux attelages, de-

1. Archives : fonds de Longuay.

vaient, aux mêmes époques, une journée de bras. Le seigneur avait le septième de toutes les corvées, et les « vénérables le demeurant d'icelles. » Si quelque corvéable refusait de remplir son obligation, il était passible d'une amende de 2 sous et six deniers pour chacune des corvées de charrues omises ; ou de douze deniers pour chaque corvée de bras, sous peine, pour les uns et pour les autres, « d'y être contraints par exécution. » Quand les habitants d'Aubepierre faisaient leurs corvées, le seigneur et les religieux étaient tenus de les nourrir. Ils donnaient aux laboureurs 4 miches de bon pain de froment pour chaque journée de charrue ; quant aux manouvriers, ils les nourrissaient « comme on a coutume de nourrir les ouvriers journaliers. »

Ce fut aussi sous le gouvernement de Pierre qu'eut lieu une amodiation de la métairie de la Champagne, faite à Simon de Baix « moyennant 8 setiers, moitié froment et avoine, mesure de Longuay, 2 livres de cire et 6 aunes de toile. » Le fermier ne dut pas trouver ces conditions trop lourdes, et ce n'est pas pour ce fait, pensons-nous, qu'on accusera les Cisterciens du péché d'avarice.

Ayant fait revivre, grâce au calme qui succéda aux troubles causés par la guerre, les droits de l'abbaye, Pierre rendit son âme à Dieu, le 4 des calendes de septembre 1463. Il avait gouverné vingt-six ans.

Guillaume de Châlons, profès de Citeaux, fut élu la même année pour vingt-deuxième abbé de Longuay. Nous trouvons, au 14 septembre 1476, dans le tableau de *Precibus* le nom de cet abbé, qui, en 1493, assista au Chapitre général de son ordre assemblé à Paris. Le Nécrologe fait mention, le 5 des ides d'octobre, de sa mort qui arriva en 1505. Le gouvernement de Guillaume de Châlons fut un de ceux qui durèrent le plus longtemps ; il fut aussi, vu les circonstances dans lesquelles Guillaume reçut l'autorité abbatiale, un des plus profitables à l'abbaye. Son prédécesseur n'avait pu, faute de temps, réparer tous les désastres des années passées : le nouvel abbé se mit donc courageusement à l'œuvre, afin de rendre son antique splendeur à la maison dont il avait accepté la sollicitude.

Les soins de l'abbé Guillaume se portèrent principalement sur les droits que la maison de Longuay possédait dans les villes de Latrecey, Dancevoir, Aubepierre, Ormoy, Sirefontaine, Lignerolles, Créancey, et dans les métairies de la Lucine, de Foiseul, de la Champagne et de Val-Corbeau. Nous allons résumer les actes qui se rapportent à ces différents territoires.

L'acte concernant Latrecey est une lettre d'amortissement « d'une maison, grange, pourpris et dépendances, située à Latrecey, en la rue dite de la Croix. » Cette maison avait été donnée à notre abbaye par Oger Billon, de Latrecey, et Comtesse, sa femme. La lettre fut expédiée à la chambre des comptes de Dijon, le 20 novembre 1466.

En 1470, l'abbaye de Longuay eut de graves difficultés, à propos de Dancevoir, avec Jean, sire de Châteauvillain. Ce seigneur prétendait avoir droit de garde sur la ville de Dancevoir, qui appartenait à l'abbaye, ainsi que sur les hommes et sujets des religieux, qui habitaient la ville. En conséquence de sa prétention, le sire de Châteauvillain voulait « que ses sergents et officiers portassent la verge haute et élevée en la ville de Dancevoir tous les ans le jour de la fête du lieu. « De plus il exigeait « que les hommes et sujets de Dancevoir fussent tenus de faire guet et garde à Châteauvillain toutes les fois que besoin en serait. » Nos religieux, au contraire, déclarèrent qu'en leur qualité de seigneurs de Dancevoir et de tout le territoire, ils avaient tous les droits seigneuriaux, justice haute, moyenne et basse, et ne relevaient que du Roi ; tandis que « ledit seigneur n'avait aucune seigneurie, juridiction, ni droit à Dancevoir. » Pour preuve l'abbé produisit le contrat de la vente que Simon, autrefois seigneur de Châteauvillain, avait faite de tout « ce qu'il avait aux deux Dancevoir et dépendances d'iceux, tant en fiefs qu'en tous autres droits sans aucune réserve. »

Cependant, pour le bien de la paix et afin d'éviter de plus grands procès, nos religieux consentirent à une transaction et à un accommodement. Il fut donc convenu que « les abbé et religieux seraient tenus, eux et leurs successeurs à perpétuité, de célébrer au grand autel de l'église de Longuay, perpétuellement et chaque année, le 7 février, un anniversaire pour le repos de l'âme du seigneur de Châteauvillain et des âmes de ses prédécesseurs et de ses successeurs. » De son côté Jean se désista et se départit, tant pour lui que pour ses successeurs perpétuellement et au profit des religieux de Longuay, du droit de garde qu'il prétendait avoir à Dancevoir, ainsi que de celui « d'y faire porter la verge haute par ses officiers, à quelque jour de l'année que ce soit. » Mais prévoyant le cas où les religieux de Longuay voudraient vendre la seigneurie de Dancevoir, la transaction ajoute : « en ce cas les vénérables abbé et religieux seront tenus de la mettre en la garde dudit seigneur de Châteauvillain devant tous autres ; car autrement ne le pourraient lesdits sieurs de Longuay. »

Outre la transaction dont nous venons de parler, les archives nous offrent encore, en ce qui touche

Dancevoir, une sentence rendue par le bailli de Laferté contre les officiers du comte de Vertus, qui prétendaient que les habitants de Dancevoir étaient tenus d'user « des mêmes poids, aunes et mesures » dont on usait à Laferté. Les religieux ayant pris fait et cause pour leurs sujets, les habitants de Dancevoir furent renvoyés de la demande formée contre eux, et le bailli ordonna qu'ils useraient « des mêmes poids, aunes et mesures qu'on a accoutumé » d'employer à l'abbaye de Longuay. Cette sentence est de l'an 1494. Trois ans plus tard, en 1497, les habitants de Dancevoir reconnurent qu'ils étaient tenus de payer « à messieurs de Longuay, leurs seigneurs, la somme de 70 livres de taille seigneuriale et vingt livres de cire. Enfin nous trouvons, sous la date de 1499, une « revendication faite par le procureur fiscal de Longuay, d'un prisonnier qui avait été mis en prison à Chaumont, homme exploitable et justiciable de MM. de Longuay, seigneurs de Dancevoir. »

Les actes administratifs de l'abbé Guillaume qui se rapportent à la ville d'Aubepierre, comprennent un traité fait avec les habitants et une transaction passée entre nos religieux et le curé de la paroisse. Le traité nous fait connaître que les habitants et manants de la ville d'Aubepierre confessèrent que les religieux avaient, outre les droits reconnus « d'ancienneté et de tous temps, sans rien innover en façon quelconque, » droit de faire pâturer leurs bestiaux sur le finage d'Aubepierre, « tant de long comme de large, en bois comme en plaine, en tous lieux et en toutes saisons ; » de prendre tout le bois qui leur était nécessaire pour bâtir, pour chauffer la maison, « paisseler et entretenir les vignes ; » de prendre des pierres et des laves sur tout le finage, et enfin de percevoir « la sixième partie de toutes les ventes » qui se faisaient à Aubepierre. Cet accord est du 11 juin 1489.

La transaction passée entre les religieux de Longuay et messire Noël Cousin, curé d'Aubepierre, de Lignerolles et des Goules, ses succursales, intervint « en conséquence de ce que le tiers des dîmes d'Aubepierre appartenant au curé, et les deux autres tiers aux religieux, messire Cousin prétendait avoir droit de dîme sur les terres de la Champagne, de Chemin-Bœuf, sur celles de la Porte et sur plusieurs autres » qui appartenaient à Longuay. « Néanmoins après mûre délibération et avis du conseil, ledit messire Cousin reconnut n'avoir aucun droit sur les dîmes en question » et se désista de ses réclamations. Cette transaction, conforme à un double titre des années 1474 et 1478 qui exemptait de dîmes les terres de la Porte et autres situées à Lignerolles, est du 8 mai 1504 [1].

En 1499, l'abbé Guillaume obtint une sentence qui déclarait « les héritages appartenant à l'abbaye de Longuay francs et quittes de toutes rentes, cens, redevances et servitudes quelconques envers le seigneur d'Ormoy, qui prétendait le contraire. » Cette sentence est du 6 décembre. Le 27 du même mois de l'an 1493, Guillaume « avait amodié pour trois vies le bien de Sirefontaine, moyennant dix gros, à prendre le gros pour vingt deniers. » Sirefontaine est un village situé près de Pont-la-Ville : notre abbaye y posséda, dès l'an 1186, des terres, des prés, des maisons et des vignes. Dans le courant du treizième siècle, notamment en 1218, 1234 et 1250, elle y acquit de nouveaux droits et revenus. Ce nom reparaîtra encore au dix septième siècle.

Enfin l'abbé Guillaume fit revivre un droit en vertu duquel les chanoines de Saint-Jean l'évangéliste de Châteauvillain étaient tenus de payer, le jour de la Saint-Martin, « sur les dimes de Créancey qui leur appartenaient, dix-huit *moitons* de blé, par moitié froment et avoine, » aux vénérables religieux de Longuay. Toutefois l'abbé Guillaume avait dû, pour arriver à ce résultat, solliciter au bailliage de Chau-

---

1. Archives : inventaire de 1748.

mont une sentence qui fut rendue le 15 janvier 1486, conformément aux intérêts de notre abbaye.

Nous avons dit que Guillaume s'occupa aussi de quelques unes des métairies de son abbaye : les différents actes qui s'y rapportent, concernent Foiseul, la Champagne, Val-Corbeau et la Lucine.

Foiseul. Un bail pour trente ans fait par nos religieux aux habitants de Créancey des bois des deux Montancins, de la Fourtelle et du Chesnoy, appelé le bois de la Loge, moyennant quarante bichets d'avoines. Ce bail est du 2 mai 1488. — En 1496, une poursuite fut dirigée par les religieux contre les seigneurs d'Ormoy, à l'occasion du bois de la Loge, et suivie, en 1497, « d'une sentence locutoire entre MM. de Longuay et Simon de la Rue, seigneur d'Ormoy. » En vertu de cette sentence « et pendant l'instance pendante, » les bois de Foiseul demeurèrent sous la main du Roi et l'on établit des commissaires pour les régir. Mais les religieux de Longuay ne tardèrent pas à être remis dans la tranquillité de leur possession. — Le 10 novembre de l'an 1500, les habitants de Latrecey reconnurent qu'il ne leur était « permis ni loisible de mener leurs porcs à la glandée dans les bois de la Lucine, de Foiseul et de Villey, et se départirent entièrement du droit qu'ils prétendaient y avoir. »

La Champagne. Un accord fut passé entre les habitants d'Aubepierre et les religieux de Longuay, pour déterminer les limites de la métairie, et régler l'usage « des lavières qui sont devant ladite grange, et entre icelle et le grand chemin qui tire de Longuay à Arc. » Cet acte et de l'an 1482.

La Lucine. Outre un acte passé par devant « messire Jean Verdel, prêtre, curé de Latrecey, notaire et tabellion juré, » acte par lequel les habitants de Latrecey, en corps de communauté, reconnurent et confessèrent qu'ils n'avaient aucun droit, ni usage quelconque dans les bois de la Lucine, Foiseul, Villey et le Pressoir, nous trouvons des lettres gardiennes du Roi concernant ces différents territoires. Ces lettres, qui mirent fin à la querelle suscitée, en 1496, à nos religieux par le seigneur d'Ormoy, furent adressées au bailli de la Montagne, et mises à exécution par André Cassey, sergent à cheval du Roi : elles proclamèrent et maintinrent les droits de notre abbaye sur les granges et finages de la Lucine, de Foiseul, du Pressoir et de Villey.

Val-Corbeau. A cette métairie, qui est située entre Cour-l'Évêque et Coupray, se rapporte un acte passé, le 11 février 1496, entre « les officiers de haut et puissant seigneur Mgr le marquis de Hochberg, comte de Neufchâtel, seigneur d'Arc-en-

Barrois, et les vénérables abbé et religieux de Longuay. » Nous y voyons « qu'à la prière et réquisition des officiers dudit seigneur, il a été octroyé de la part des vénérables de Longuay, pour la commodité de la forge de Cour-l'Évêque, qui appartenait au seigneur d'Arc, le cours de l'eau de ladite forge, sur le territoire de la seigneurie de Val-Corbeau, de la contenance d'environ quarante-quatre toises de longueur, la toise revenant à sept pieds et demi, et deux toises de largeur. » Les religieux se réservèrent tout droit de propriété et de pêche sur et dans le cours d'eau, « comme il était avant ces présentes. » Quelques années plus tard, mais quand déjà Guillaume de Châlons avait cessé de vivre, la métairie de Val-Corbeau fut affermée « par MM. de Longuay à Frère Guillaume du Jonchery, religieux et prêtre de l'abbaye de Longuay, à condition qu'il ne se ferait nommer, ni ne se nommerait prieur de Val-Corbeau, mais maître et gouverneur de cette métairie. » Cette amodiation, qui fut faite moyennant un setier de froment blanc et un setier d'avoine, est de l'an 1506.

L'année précédente, le 5 des ides d'octobre, Guillaume de Châlons avait terminé sa carrière remplie de mérites, ayant gouverné l'abbaye de Longuay pendant 42 ans. Il eut pour successeur un religieux nommé Bernard Durandarde de Châtillon, qui fut le dernier abbé régulier de l'abbaye de Longuay.

Les actes de l'administration de Bernard furent peu nombreux et assez peu importants, comme nous allons le voir : ils se réduisirent à quelques sentences obtenues contre divers particuliers d'Aubepierre et de Dancevoir, qui avaient refusé de se soumettre à certains droits de l'abbaye. Nous en avons trouvé une « du lieutenant de Laferté, qui condamne messire Antoine Rouyer, prêtre, curé de Dancevoir, à se désister au profit de MM. de Longuay d'une maison, cour, jardin, dépendances et appartenances d'icelle, située audit Dancevoir, proche la maison curiale. » Cette sentence est de l'an 1520.

Au mois de février 1515, une transaction intervint sur sentence « au sujet des dîmes de Latrecey appartenant pour dix parties, onze faisant le tout, à MM. de Longuay, » entre nos religieux et les habitants de Latrecey. Il fut résolu que les habitants de Latrecey seraient tenus de payer aux religieux ou à leurs commis, « la dîme de tous les grains croissant au finage de leur ville, à savoir du froment, du seigle, de l'avoine, de l'orge et autres grains, lesquels, selon la coutume des laboureurs, se lèvent de quinze gerbes une, à prendre aux champs. » Pour rendre plus facile aux commis de l'abbaye la levée de cette dîme, les habitants devaient disposer leurs gerbes en monceaux de quinze, « afin que lesdits sieurs de Longuay en pussent prendre en chacune quinzaine une gerbe telle que bon leur semblera. » En outre, les habitants ne pouvaient charger leurs gerbes qu'après « le congé desdits sieurs ou de leurs dîmeurs : » ce congé n'était donné qu'après la levée de la dîme, et quand « les laboureurs avaient appelé, par trois fois et à haute voix, » les collecteurs qui fonctionnaient au nom de l'abbaye.

Ce fut du temps de l'abbé Bernard Durandarde, en l'an 1510, que le roi Louis XII autorisa à Dancevoir « l'institution de trois foires franches l'année, et un marché toutes les semaines. » La première de ces foires devait se tenir le 1er juin ; la deuxième, le 4 septembre, et la troisième, le 20 janvier. Le marché était autorisé pour le samedi de chaque semaine. Quelques années plus tard, François Ier permit aux habitants de Dancevoir d'entourer leur ville de murailles : à la même époque, les habitants d'Aubepierre prirent la même précaution pour se garantir des incursions de gens de guerre, dont ils avaient pu, au siècle précédent, expérimenter la dure servitude. Aujourd'hui le passant ne remarque aucune trace des murailles qui, au seizième siècle, entouraient les villes d'Aubepierre et de Dancevoir : le seul souvenir qui ait été fortuitement conservé des murailles de la première de ces deux localités, est une supplique que les habitants d'Aubepierre adressèrent à monseigneur le bailli de Laferté, à l'effet d'obtenir un délai pour faire à leurs murailles, que les mauvais temps avaient dégradées, des réparations assez considérables. On a découvert dans le courant de l'année 1866, sous le foyer d'une maison de la commune, une copie, ou peut-être même la minute de cette pétition à laquelle le bailli fit droit. Cet écrit est de l'an 1567.

Au mois de février 1526, les religieux de Longuay et les marguilliers de l'église d'Aubepierre firent à Jean Pleux, dit Chevrot, d'Aubepierre, une amodiation à trois vies d'une place propre à la construction d'une maison. Cette place, anciennement nommée Rollemaignien, et qui appartenait aux églises d'Aubepierre et de Longuay, se trouvait dans « la rue du moulin, tenant d'une part à Pierre Gautherot, le jeune, et d'autre part à Jean Deschamps, boutissant par devant sur la voie commune, et par derrière, sur l'héritage de noble homme Laurent d'Andresson. » L'amodiateur devait bâtir sa maison dans les deux ans qui suivraient le contrat, « et payer annuellement auxdites églises 8 gros ; ce qui faisait à chacune d'elles 4 gros. »

Dans le courant de l'année 1530, l'abbé Bernard

assista à la prise de possession que fit de son siége Claude de Longvic, dans la suite cardinal de Givry, que le Chapitre cathédral avait élu évêque de Langres, après la mort de Michel Boudet. Le nouveau prélat fit son entrée solennelle à Langres, entouré d'un nombreux et brillant cortége d'évêques, d'abbés et de seigneurs, parmi lesquels se trouvait M. l'abbé de Longuay. Au mois d'octobre de la même année, Bernard obtint de Guillaume de Chastenay, écuyer, seigneur de Villars-en-Azois ; de Jean Damoncourt, chevalier, seigneur de Piépape et de Montigny-sur-Aube ; d'Alexandre Legruïer, seigneur de Saint-Brice, et de Jean Rose, avocat au bailliage de Chaumont, une sentence arbitrale que les religieux de Longuay et les habitants de Créancey avaient sollicitée de concert, et qui régla « le bornage et la séparation des finages de Foiseul et de Créancey. » Cette sentence fut rendue le 20 octobre 1530.

Ces faits se rapportent aux dernières années de l'abbatiat de Bernard. Prévoyant peut-être les graves événements qui menaçaient sa chère abbaye et ne tarderaient guère à en modifier si profondément les destinées ; ou bien aspirant au calme et aux douceurs d'une solitude plus parfaite, incompatibles avec la charge abbatiale, Bernard Durandarde donna sa démission, après avoir gouverné pendant vingt-cinq ans au moins, la maison que l'élection lui avait confiée en 1505. Bernard, qui fut le vingt-troisième, ou, si l'on veut compter au nombre des abbés le prieur Chrétien, le vingt-quatrième abbé régulier de Longuay, vécut encore plusieurs années après sa démission, n'étant mort qu'en 1543, aux calendes de juillet.

Pendant l'inter-abbatiat, auquel un décret royal mit fin au mois de décembre 1532, l'administration fut confiée à Simon d'Arc, qui était alors prieur de Longuay. A cette époque se rapporte une transaction « intervenue sur procès pendant aux requêtes du palais, à Paris, entre messieurs de Longuay d'une part, et Laurent d'Andresson, écuyer, et les habitants d'Aubepierre d'autre part, » par laquelle nos religieux furent maintenus dans leur droit de chasser dans les bois d'Aubepierre, et de percevoir le sixième de toutes les ventes faites par les habitants. Cette transaction termina aussi quelques autres difficultés, notamment celles qui étaient relatives à un four et à une maison construits par Andresson, au préjudice du four banal : elle fut faite le 14 juillet 1532, par devant les notaires Vernier et Vincent.

Bernard Durandarde de Châtillon fut le vingt-troisième abbé cistercien de Longuay ; il en fut aussi, comme nous l'avons dit, le dernier. A partir de cette époque, en effet, la nomination des abbés ne dépendit plus de la libre élection des religieux, mais de la volonté et de la faveur des Rois ; et l'abbaye de Longuay, où l'on allait, comme en tant d'autres abbayes, sacrifier un article si sage de la règle bénédictine au bon plaisir du souverain, condamnée désormais à un régime nouveau et si peu salutaire, sous lequel elle arrivera à son instant suprême, tomba en commende [1].

1. Archives : inventaire général.

TROISIÈME PÉRIODE

1532—1790

ABBÉS COMMENDATAIRES

CHAPITRE XII

Quelques mots sur la Commende et les abbés commendataires. -- Droit et fait. -- L'opinion d'Arnauld. -- Résumé. -- On reprend la suite du récit. -- Jean Damoncourt, premier abbé commendataire. -- Mémoire d'un vénérable prêtre. -- Actes divers. -- La chapelle du cloître, à Saint-Mammès. -- M. Damoncourt est nommé évêque de Poitiers. -- Il se démet de l'abbaye de Longuay. -- François Ier, deuxième abbé. -- Claude Ier, troisième abbé commendataire. -- Abrégé biographique. -- Claude II, de Beaufremont, évêque de Troyes, quatrième abbé commendataire. -- Actes divers. -- La forêt des Trois-cents-Arpents. -- Procès. -- Mort de Claude II.

Avant de reprendre la suite de notre récit, et de rapporter la biographie des abbés de Longuay dont il nous reste à parler, il est nécessaire, puisque nous sommes arrivés à l'époque où l'installation des abbés commendataires à Longuay introduisit dans notre abbaye une modification si considérable et, disons-le, si malheureuse, il est nécessaire que nous disions en quelques mots ce qu'est, en droit, une commende, et ce qu'était, en France, un abbé commendataire.

La commende est originairement, dans le droit, la garde, le dépôt, le régime et l'administration des revenus d'un bénéfice qu'on donnait à un séculier, pour qu'il en jouît par économat pendant six mois, pour le réparer, ou à un autre évêque, ou à un simple ecclésiastique, pour faire les fonctions pastorales, en attendant qu'on eût pourvu un titulaire. On croit que ce fut le pape Léon IV qui fut auteur des commendes, en faveur des ecclésiastiques qui avaient été chassés de leurs bénéfices par les Sarrasins. On leur confiait la garde et l'administration des églises vacantes : saint Grégoire en avait usé de même pendant que les Lombards désolaient l'Italie.

Sous la deuxième race, l'abus des commendes devint très-fréquent ; on donna même les revenus des monastères à des laïques pour les faire subsister. Les évêques aussi se faisaient donner plusieurs bénéfices en commende : c'était un prétexte pour les retenir tous sans violer directement les canons. On a depuis retranché une partie des abus ; mais on n'a pu abolir absolument la commodité et l'usage des commendes. C'est un expédient qu'on a trouvé pour lever l'incompatibilité de la personne avec la nature du bénéfice.

En France, la commende était un véritable titre de bénéfice que le pape donnait à un ecclésiastique nommé par le roi pour un bénéfice régulier, avec permission de disposer des fruits pendant sa vie. Cependant on ne pouvait donner en commende un bénéfice à charge d'âmes, c'est-à-dire ni une cure, ni un évêché. Toutefois il est probable que cette loi fut plus d'une fois violée. « La commende, de la manière qu'elle est établie aujourd'hui, dit un auteur du dix-huitième siècle, plutôt pour la commodité des personnes que pour l'utilité de l'Église, est entièrement contraire aux anciens canons. C'est pourquoi il n'y a que le pape qui puisse conférer les bénéfices en commende, parce qu'il n'y a que lui qui puisse dispenser des canons, tant pour ce qui regarde l'inhabileté des personnes à qui l'on donne les commendes, que pour l'incompatibilité à l'égard des bénéfices dont les commendataires sont revêtus. »

Lorsque la commende vaquait par la mort du commendataire, elle n'était pas censée vaquer par sa mort, puisque, en droit, le bénéfice vaquait avant la commende, laquelle n'avait apporté aucun changement aux choses. Cependant le pape donnait encore le même bénéfice en commende, par un privilége qui continuait toujours ; de sorte que le privilége, ou la dispense, avait entièrement dérogé au droit commun. Quant à ceux qui possédaient des commendes, bien qu'ils ne les eussent obtenues que par privilége ou dispense, ils ne laissaient pas d'en jouir, et d'avoir tous les titres, fruits et droits honorifiques, comme s'ils étaient véritablement titulaires.

Par les bulles de la commende, les commendataires étaient subrogés aux droits des titulaires. L'on y employait toujours des termes qui marquaient que le pouvoir du commendataire était le même que celui du titulaire, ou régulier, auquel il était substitué. Le pape donnait donc, par ces bulles, aux abbés commendataires l'administration tant pour le spirituel que pour le temporel. Aussi disait-on que le sujet devait être prêtre, ou que, s'il n'avait pas encore atteint l'âge de la prêtrise, il perdrait le bénéfice de sa commende aussitôt qu'il l'aurait atteint, s'il ne se faisait pas ordonner. Cependant cela ne s'exécutait point, et n'était qu'une formalité de style. Les prieurs claustraux gouvernaient l'abbaye pour le spirituel pendant qu'elle était en commende, et les abbés commendataires n'avaient aucun pouvoir sur les religieux. Ils ne pouvaient pas même instituer, ni destituer les prieurs claustraux, que les bulles nommaient administrateurs du spirituel, avec cette restriction : jusqu'à ce que l'abbé soit arrivé à l'âge de vingt-cinq ans, où il devra recevoir la prêtrise.

Févret fait remarquer, dans son *Traité de l'abus*, qu'un abbé de Citeaux, Claude Vaussin, obtint d'Innocent X un bref par lequel il était interdit aux abbés commendataires de se mêler de la discipline régulière. Le même auteur ajoute que les cardinaux-abbés commendataires furent exceptés de cette règle, à cause de l'éminence de leur dignité, nonobstant les bulles de Pie V et de Grégoire XIII qui défendaient à tous abbés, même aux cardinaux, sous peine d'excommunication encourue par le fait, « de jouir de la dépouille des moines. » Mais aujourd'hui, continue Févret, cette distinction est levée, et tous les abbés commendataires, cardinaux ou autres, jouissent de la dépouille des moines à l'exclusion du monastère.

Les papes n'accordaient pas seulement des bénéfices en commende à des clercs, en les dispensant de l'âge et des autres qualités requises ; ils dispensaient aussi de la cléricature des enfants qui étaient encore au berceau, jusqu'à ce qu'ils eussent atteint l'âge de la tonsure. Il suffisait d'exposer à Rome que l'enfant était destiné à l'état ecclésiastique : sur cette déclaration on lui accordait les bulles, dans lesquelles on nommait un économe qui devait avoir soin du temporel jusqu'au jour où l'enfant serait tonsuré.

Nous n'avons pas à dire ce que nous pensons de ces vocations à l'état ecclésiastique, ni à faire ressortir l'intention secrète de ceux qui postulaient une commende pour un enfant au berceau. Mais peut-on ne pas appeler malheureux des temps où de telles choses se passèrent ; où l'on disposa si légèrement des biens des religieux, des biens des pauvres, de ces biens légitimement acquis, soit par des donations pieuses, soit par d'autres moyens honnêtes ; où l'on gaspillait en faveurs, qui ne coûtaient rien à l'homme généreux qui les répandait, le produit de la piété des ancêtres amélioré, fécondé, agrandi par les efforts et la sueur des moines ? Aussi ne sommes-nous point surpris de la sévérité d'un jugement qu'émit, sur le point qui nous occupe, un grand homme du dix-septième siècle. Ayant été consulté un jour sur ce qu'il faut croire de la condition des abbés commendataires, Arnauld répondit : « Je suis persuadé qu'absolument parlant on peut être abbé commendataire en sûreté de conscience : mais en même temps, je crois qu'il y en a très-peu qui ne se damnent, parce que mon sentiment est que les commendes sont du nombre des choses que saint Thomas dit n'être pas essentiellement mauvaises, mais qui contiennent plusieurs difformités qui les rendent mauvaises, à moins qu'elles ne soient corrigées *per circumstantias honestantes*. Or, c'est ce qui manque à presque tous les abbés commendataires. »

En résumé, le commendataire n'était, en droit, qu'un économe (du mot latin *commendare*, confier), qu'on avait mis en possession d'un bénéfice, pour le régir pendant six mois et le gouverner en attendant qu'il fût pourvu d'un titulaire. Ce commendataire subsistait du revenu de l'église qu'il administrait. C'est de ces commendataires qu'il est question dans le Droit canon et dans l'histoire ecclésiastique.

En France, le commendataire était un ecclésiastique séculier, simple clerc, prêtre, évêque ou cardinal, nommé par le roi et pourvu par le pape d'une abbaye, ou d'un prieuré, avec permission de disposer des fruits à son profit pendant toute sa vie. Un abbé commendataire était opposé à un abbé régulier, et n'avait pas, comme nous l'avons dit, tous les droits du titulaire, mais il jouissait de tous les droits honorifiques.

Il nous faut maintenant reprendre la suite de notre récit, et donner le tableau succinct des événements qui se passèrent dans l'abbaye de Longuay, jusqu'au jour suprême où la Révolution en désola le cloître et en dispersa les pieux habitants.

Le premier abbé commendataire de Longuay fut Jean Damoncourt, chanoine et grand archidiacre de Langres. Ce grand homme, digne assurément du choix qu'en avait fait le roi, était fils du seigneur de Montigny-sur-Aube ; mais à la noblesse de l'extraction s'unissait en lui une gloire plus grande encore, celle que donnent la vertu et la science, et qui attira sur lui l'attention du souverain. Jean Damoncourt était, en effet, docteur-ès-lois, comme on le voit par la lettre que le roi adressa au pape, le 22 décembre 1532, à propos de la collation à lui faire de l'abbaye de Longuay ; investi des plus hautes dignités ecclésiastiques dans le diocèse de Langres, et prieur de Saint-Geômes, quand il fut appelé à gouverner l'abbaye de Longuay. Sa nomination suivit de près la proposition royale ; en sorte que dès le commencement de l'année 1533 il put prendre en main l'administration de sa commende.

En prenant possession de son abbaye, Jean Damoncourt trouva, à Longuay, un auxiliaire précieux pour l'administration du temporel de la maison, dans la personne d'un respectable ecclésiastique qui remplissait les fonctions de receveur de monsieur l'abbé et de la communauté de Longuay, honorable Antoine Boitouset, prêtre et ancien curé de Thivet. « Sa mémoire, dit l'abrégé chronologique, ne doit jamais être effacée, vu les grands soins qu'il se donna pour la régie des biens de la maison, et le grand ordre qu'il tint dans ses comptes. » Nous aurons plus d'une fois l'occasion d'emprunter quelques détails aux registres de l'honorable receveur. « Le même Antoine Boitouset, ajoute l'abrégé, fut aussi prodigue en bienfaits envers la maison : on y conserve un reliquaire provenant d'un de ses dons. »

Il y avait déjà cinq ans que Jean Damoncourt gouvernait l'abbaye, quand il fit son premier acte d'autorité en affranchissant de la condition mainmortable « les habitants de Lignerolles, à charge pour chaque ménage de payer tous les ans, au jour de la fête de Saint-Martin, 12 deniers, » outre les 100 écus qu'ils avaient donnés comptants. Cet affranchissement eut lieu en 1538. La même année « un ascensement fut fait par MM. de Longuay à Jean Gomain, jardinier à Lignerolles, d'une place propre à la construction d'une maison, grange et jardin derrière. » Cette place située à Lignerolles, au lieudit Champ devant la Porte, contenait en longueur « la quantité de douze perches, la perche comptée pour neuf pieds, le pied de douze pouces, et en largeur, six perches de pareille grandeur. » Elle

9.

tenait d'une part aux maisons de Jean-Nicolas Petit et de Nicolas Cornibert, et d'autre part aux champs de la Porte. L'ascensement fut fait « moyennant une poule et 12 deniers tournois de cens annuel et perpétuel, payables et livrables au jour de la Saint-Martin. » D'autres opérations de la même nature eurent lieu dans la ville de Lignerolles, aux années 1542, 1543 et 1546.

Nous passerons sous silence divers accords, accomodements et sentences qui ont rapport à Foiseul, Ormoy et la métairie de Val-Corbeau, et qui nous ont semblé n'avoir qu'une médiocre importance, pour citer une page des livres de comptes d'Antoine Boitouset, ainsi que le contrat d'affranchissement des habitants de Dancevoir.

Le dixième livre des comptes « de M. Boitouset, prêtre, receveur de l'abbaye de Longuay, » qui porte les amodiations de différents prés, à Boudreville, nous apprend que les religieux reçurent : « d'Antoine Jacquinot l'aîné, demeurant à Boudreville, la somme de 17 livres, 5 sous, pour l'amodiation à lui faite de 3 pièces de prés assises au finage de Boudreville, et tenant, à savoir : une desdites pièces au prieur de Louesme, seigneur en partie de Boudreville, du côté devers le bas, et d'autre part devers le haut à Jean Jacquinot de Boudreville, boutissant d'un bout sur la Fontaine-de-

Rosance, et d'autre bout sur la grande rivière. Cette pièce contient quatre fauchées environ. Item une autre desdites pièces contient environ 2 fauchées, et tient devers le haut audit Jacquinot, et devers le bas aux hoirs feu Didier Jacquinot, boutissant d'un bout sur la grande rivière et d'autre part au champ de la Grande-Noue. Item l'autre pièce contient 5 fauchées et demie ou environ, et tient d'une part audit Jacquinot, d'autre part à ladite Fontaine, boutissant d'un bout sur les hoirs Perrinot, Courtois, et d'autre part sur ledit Jacquinot.
— De Nicolas Dubreuil et Jean Foulon, forgerons, demeurant à Boudreville, la somme de 65 sous tournois, pour l'amodiation à eux faite d'une pièce de pré assise au finage de Boudreville, au lieu appelé communément l'Essart-Jean-Moyengeard, contenant environ 2 fauchées et demie. Ce pré tient à Jean de Brelle d'une part, du côté devers le Labourage, et d'autre part au ruisseau de la Fontaine-de-Rosance, aboutissant par dessus aux hoirs feu Jean Pingeot, et par le bas à Jean Jacquinot. »

Voici un second extrait des registres de messire Antoine Boitouset. Celui-ci se rapporte au village de Gevrolles, où notre abbaye possédait plusieurs prés provenant d'échanges avec les religieux de Molême.

« Recette d'argent faite par ledit receveur à cause de la vendition d'herbes de prés assis au finage de Gevrolles, pour l'an 1542 :

1° De vénérable et religieuse personne Dom Bernard de Châtillon, ancien abbé de Longuay, et de ses grangiers de Villcy, la somme de 10 livres tournois, pour l'amodiation à eux faite d'une pièce de pré assise au lieudit le Marais, tenant d'une part aux religieux de Longuay, et d'autre part aux héritiers Henri Adam, aboutissant d'un bout sur les héritiers de feu M. le chevalier de Villars et d'autre bout sur les héritiers Jacquin Noirot ; 2° une autre pièce, etc. »

L'acte le plus considérable de l'administration de Jean Damoncourt fut assurément celui par lequel il accorda aux habitants de Dancevoir la faveur d'être affranchis de la condition serve. Par cet acte, qui fut passé le 28 octobre 1548, on voit que les habitants de Dancevoir « comparaissant en corps de communauté pour être affranchis, eux et leurs hoirs perpétuellement, de la condition et servitude de la main-morte, donnèrent, cédèrent, quittèrent et transportèrent pour eux et leurs successeurs perpétuellement à MM. les vénérables abbé et couvent de Longuay, leurs seigneurs, présents, stipulant et acceptant par Jean Damoncourt, abbé commendataire de l'abbaye dudit Longuay, Dom

Jean de Latrecey, prieur, et tout le couvent, savoir : » Un pré d'environ 24 fauchées, situé au finage appelé la Grande-Rosance, se réservant toutefois « le vain-pâturage pour le champoi de leurs bestiaux en temps de vaine pâture, comme ils ont droit de le faire. » Outre ce pré, les habitants de Dancevoir « délivrèrent manuellement comptant auxdits abbé et couvent, pour l'entretien de leur église, 112 écus d'or, l'écu valant 46 sous tournois. » A cette double condition « lesdits sieurs abbé et couvent ont affranchi lesdits habitants, leursdits hoirs et successeurs à perpétuité, et leur ont remis et quitté le droit de main-morte et serve condition qu'ils avaient droit de prendre sur eux. » Cet affranchissement eut lieu, avons-nous dit, le 28 octobre 1548. Quelques années après, en 1557, les habitants de Dancevoir donnèrent encore, « pour cause, raison et reconnaissance de leur affranchissement, la quantité de huit aunes de toile bonne et suffisante pour faire des nappes et des aubes » à l'usage de l'église de Longuay.

En 1549, Jean Damoncourt-de-Piépape fit construire, dans l'église cathédrale de Langres, la chapelle nommée du Cloître, en remplacement de celle qui existait, en face de l'endroit où l'on peut l'admirer aujourd'hui, dans l'ancien cloître de Saint-Mammès. Le vulgaire l'appelait « Chapelle-defaïence, » parce que le pavé est une sorte de mosaïque, où sont peintes diverses figures avec des moralités. Dans le cintre de la porte d'entrée, on voit, à droite et à gauche, les armes de Jean Damoncourt avec cette devise : *Nec mors nec vita;* et sur les caissons de la voûte, qui est d'un travail extrêmement remarquable, on lit : Noble homme maistre Jehan Damoncourt de Piépape, abbé de Longay, a faict faire ceste chapelle.

Cependant Jean Damoncourt, que le roi Henri II venait de nommer à l'évêché de Poitiers, se démit de l'abbaye de Longuay, et prit la route de son diocèse. Ayant été nommé en 1551, il fit son entrée solennelle dans sa ville épiscopale, le 25 août 1555. « Il mourut, dit le Nécrologe de Longuay, le 9 des calendes d'août 1559, après avoir siégé 8 ans sur la chaire de Poitiers. »

Le deuxième abbé commendataire de Longuay fut François, premier du nom. Cet abbé, que l'abrégé chronologique donne comme le successeur immédiat et le neveu de l'abbé régulier Bernard de Châtillon, et que les auteurs du *Gallia Christiana* mettent au nombre des abbés commendataires, ne gouverna notre abbaye que 22 mois. Nous n'avons trouvé aucun fait marquant se rapportant au court abbatiat de François Ier. Il mourut le 16 des calendes de janvier 1552.

Après la mort de François Ier, le roi nomma pour troisième abbé commendataire de Longuay l'évêque de Langres lui-même, qui n'était autre que Claude de Longvic, cardinal de Givry. Claude de Longvic, qui gouvernait l'église de Langres depuis l'an 1529, était fils de Philippe, seigneur de Pagny, de Givry et de Longepierre, au comté de Bourgogne, et de Jeanne de Beaufremont. Ce prélat réunissait sur sa tête, selon la coutume du siècle, une multitude de bénéfices. Il fut chanoine et archidiacre de Mâcon, puis évêque de cette ville après l'abdication de son oncle, en 1513; abbé de Pothières en 1517, et de Saint-Étienne de Dijon en 1529, l'année même où il fut pourvu de l'évêché de Langres. Il fit son entrée solennelle en cette ville, en 1530, accompagné des évêques de Troyes et d'Auxerre, des abbés de Clairvaux, de Morimond, de Bèze, de Pothières, de Longuay, et de plusieurs seigneurs. Quelques années plus tard, en 1533, sur la demande qu'en fit au pape Clément VII le roi de France François Ier, Claude de Longvic fut créé cardinal du titre de Sainte-Agnès.

En 1545, le cardinal de Givry nomma Jean Damoncourt, qui était alors, comme nous l'avons vu, abbé commendataire de Longuay, son coadjuteur pour les évêchés d'Amiens et de Poitiers. Nous savons que l'abbé de Longuay fut définitivement nommé évêque de Poitiers : le cardinal de Givry, qui était son parent, le sacra lui-même son coadjuteur, en 1551, à Mussy, assisté des évêques de Châlons-sur-Saône et de Béthléem. L'année suivante, en 1552, il fut nommé abbé commendataire de Longuay, succédant ainsi, médiatement, à son parent qui le remplaçait à Poitiers, et dont il recueillit, en 1559, l'héritage épiscopal « par voie de regrès. »

Les documents ne nous fournissent aucun fait important arrivé à Longuay du temps que le cardinal de Givry posséda la commende. Cet illustre prélat, retiré dans son château de Mussy, accablé par le poids des années, et aussi par la tristesse que lui causa l'introduction de l'hérésie dans son diocèse, mourut au mois d'août 1561, à l'âge de 80 ans. Son corps, que l'on transporta à Langres, fut déposé dans la cathédrale, sous un superbe mausolée, derrière le grand autel, du côté de l'épître. On y voyait à genoux, sur une tombe de marbre, sa statue en bronze qu'il avait fait faire de son vivant. La rage révolutionnaire n'épargna ni ce monument, ni les autres qui l'environnaient.

Un an après la mort du cardinal de Givry, le roi nomma Jacques d'Helvis à l'évêché de Langres. Cependant le clergé et le peuple voulurent conserver un simulacre d'élection. On convoqua donc l'archevêque de Lyon et ses suffragants, qui ne comparurent pas. On prit le suffrage des chanoines, les voix de douze gentilshommes et d'autant de bourgeois assemblés au chœur de la cathédrale, où l'on avait préalablement chanté une messe du Saint-Esprit. On présenta trois sujets qu'on avait remarqué être agréables au souverain, savoir : Anne du Châtelet, Claude de Beaufremont, trésorier de la cathédrale et prieur de Saint-Geômes, et Jacques d'Helvis. Ce fut celui-ci qui réunit le plus grand nombre des votes. La même année, Claude de Beaufremont fut nommé, par le roi, évêque de Troyes, le 17 février 1562, et confirmé par Pie IV, le 3 des nones de mars. A l'époque de sa promotion à l'épiscopat, Claude de Beaufremont était pourvu depuis quelques mois du bénéfice de Longuay, dont il fut le quatrième abbé commendataire, sous le nom de Claude II. Le prieur de l'abbaye était alors Dom Nicolas Hutinel.

Claude II s'occupa activement des intérêts de son abbaye, et il nous reste des actes nombreux de son administration : nous allons rapporter les principaux, qui concernent Aubepierre et Dancevoir.

En 1563, le 23 février, l'abbé de Longuay obtint de la cour un arrêt qui maintint son abbaye dans la possession et la jouissance des trois-quarts de la forêt du Perrier. Cet arrêt fut rendu en conséquence des prétentions de M. le comte de Vertus, seigneur d'Aubepierre. — En 1572, « messieurs de Longuay accordèrent aux habitants de la communauté d'Aubepierre la permission de construire à neuf un pont à deux arches, vis-à-vis l'une des portes dudit Aubepierre, du côté de la rivière appelé la Porte. » — Deux ans après, le 19 mai 1572, les religieux accordèrent aux mêmes habitants une nouvelle permission, à savoir celle de vendre quelques biens de leur communauté. « En vertu de laquelle permission iceux habitants ayant vendu les deux tiers d'un patis à Jean Malgras, d'Aubepierre, pour la somme de 400 livres, ils en payèrent celle de 87 aux religieux pour la sixième partie de ladite vente, ainsi que de tout temps et ancienneté il a été fait. » La même année, une sentence des requêtes du palais, à Paris, fut rendue au profit de messieurs de Longuay contre François Rigollot, laboureur, demeurant à Aubepierre, « par laquelle ils sont maintenus et gardés en possession de la rivière et cours d'eau qui flue depuis Aubepierre jusqu'à Longuay. »-« Il n'est loisible, ajoute la sentence, ni audit Rigollot, ni à tous autres, de détourner ou d'empêcher le cours de ladite rivière. » — A l'an 1580 se rapporte une commission faite par le bailli de Chaumont contre le comte de Vertus, seineur d'Aubepierre, qui avait entrepris, lors de la onstruction des forges et fourneaux d'Aubepierre, ur les prés de l'abbaye et sur le cours d'eau. Le otif de cette commission était, que l'entreprise u comte portait préjudice au moulin d'Aubeierre, qui appartenait à nos religieux. » L'année uivante, fut passée entre « messieurs de Longuay t messire Antoine de Vienne, seigneur et baron e la Borde, de Rouvres-sur-Aube, à l'occasion de a forêt du Perrier, » une transaction dont voici le ens : les religieux de Longuay « cédèrent, quitèrent et transportèrent audit seigneur et à ses sucesseurs tout le droit qui leur appartenait en 40 arents de bois, appelés le Différent, » et qui se rouvent à l'extrémité de la forêt du Perrier, du ôté de Rouvres. En échange, M. de Vienne donna ux religieux de Longuay tous les droits « d'usaes, chauffages, pasnages, chasses et autres généalement quelconques qu'il pourrait prétendre en a forêt du Perrier. » Cette transaction fut faite le 7 novembre 1581.

Laissant de côté plusieurs opérations, telles que aux, permissions, ascensements, qui se rapportent ux finages des Goules, de Dancevoir, Lignerolles, la Lucine, Saint-Martin, Ormoy et Thorigny, mais qui nous ont semblé n'avoir qu'une médiocre imporance, nous allons parler d'une transaction assez considérable, que notre abbaye passa, en 1572, avec les habitants de Dancevoir.

Il y a sur le finage de Dancevoir, au lieudit « les Faïes de Frétoy, » un bois qui contenait, à l'époque où nous sommes du seizième siècle, « 1820 arpents. » Or, ce bois, grâce « aux malversations des habitants de Dancevoir, » était en grande partie réduit en taillis et broussailles. L'abbé, voulant obvier à la perte totale de cette belle forêt, consulta le grand maître général des eaux et forêts sur les moyens à prendre dans la circonstance. Voici donc ce que Claude II proposa aux habitants, représentés par maître Jean Chouet, Pierre Martin-le-Jeune, Claude Matthieu et Jacques Chirequain, à savoir : « que, désirant garder et faire garder ces bois mieux que cela n'avait eu lieu par le passé ; voulant aussi soulager et traiter favorablement ses sujets, il leur abandonnait 1520 arpents de la forêt, réservant toutefois qu'ils ne pourraient les vendre, aliéner, extirper, ni mettre en terre de labour, sans l'exprès consentement des religieux. » Les habitants acceptèrent la large part qui leur était offerte.

Quant au reste de la forêt, qui se réduisait à 300 arpents, l'abbé de Longuay les garda pour son abbaye. Il les choisit « en la contrée du Faïe, du côté qui regarde l'abbaye et la grande porte d'icelle. » Ensuite on détermina les limites. Il fut convenu que la propriété du monastère « joindrait d'un côté à la Combe de la Truie, et de l'autre à la Combe des Vaux ; du côté du midi, au chemin commun tirant de la grande porte de l'abbaye à Dancevoir, et de l'autre, à la tranchée faisant séparation des 300 arpents, qui demeureraient francs et quittes de toute servitude. » La tranchée devait avoir une largeur de six pieds. Cet arrangement ayant été agréable aux parties, on dressa acte de la transaction au bailliage de Troyes, le 5 septembre 1572.

Dans les dernières années de l'abbatiat de Claude de Beaufremont, la communauté de Longuay eut des procès considérables à soutenir pour la défense de ses propriétés situées du côté d'Arc, Cour-l'Évêque et Coupray. Ces querelles, qui furent vidées à l'avantage de nos religieux, n'eurent d'autre cause, paraît-il, que la prétention de M. de Listenois, seigneur d'Arc, qui voulut s'emparer de plusieurs héritages limitrophes de ses propriétés, se prévalant, suivant que l'on peut présumer, de ce que M. l'abbé, ce qui était vrai, était son frère. M. de Listenois ignorait, ou feignait d'ignorer que sa parenté avec un dignitaire et un bénéficier de l'Église ne lui donnait aucun droit sur des biens dont le dignitaire n'avait reçu que la jouissance et la garde, ou commende.

Cependant Claude II, quatrième abbé commendataire de Longuay et évêque de Troyes, mourut dans un château appartenant à sa famille, le 24 septembre 1593, âgé seulement de 64 ans. Son corps, que les troubles causés par la guerre civile empêchèrent de transporter à Troyes, fut inhumé à Scey-sur-Saône, dans la chapelle même du château où il avait rendu le dernier soupir.

CHAPITRE XIII

On signale un inconvénient de la commende. -- Nicolas Bruslart, cinquième abbé. -- Notes biographiques. -- Violences. -- Suite de la biographie de M. de Sillery. -- L'abbé François Dauvet des Marets. -- Actes divers. -- Une journée du voyage cistercien de Dom Méglinger. -- Partage des biens. -- Construction de l'abbatiale. -- Décoration de la chapelle de M. l'Abbé. -- Mort de François II. -- Abbatiat de Bernard-Louis de la Villeneuve. -- Souffrances des religieux. -- Vols. -- Mort de M. de la Villeneuve.

On ne tarda pas à s'apercevoir, à Longuay, des inconvénients et des conséquences fâcheuses qu'entraînait à sa suite l'institution des commendes. Il arriva, en effet, que les Rois, pouvant disposer à leur gré des biens de l'Église, en accordèrent, sans se soucier des saints canons, les revenus à des personnes inhabiles, par exemple à des laïques ou à des enfants encore en bas âge. Les bénéfices ecclésiastiques devinrent une forme de la reconnaissance royale pour les services rendus à la couronne, ou même furent, par une faveur toute spontanée, confiés à des personnages qui semblaient n'y avoir eu d'autres titres que le bon plaisir du souverain. C'est la réflexion que nous suggère la nomination du successeur de Claude II, à savoir celle de Nicolas Bruslart de Sillery, qui fut le cinquième abbé commendataire de Longuay. Le lecteur ne tardera pas à voir sur qui tombe la seconde partie de notre observation.

Nicolas Bruslart de Sillery, chancelier de France, fut reçu conseiller au parlement de Paris, en 1573, et maître des requêtes sous Henri III, qui l'envoya en 1585, porter des paroles de paix et de conciliation au Roi de Navarre, depuis Henri IV. En 1589, il fut envoyé en ambassade auprès des Suisses et des Grisons, et une seconde fois, en 1593, par Henri IV. Dans cette dernière occasion, son adresse servit encore moins efficacement que l'argent qu'il offrit, et qu'il prit sur sa propre fortune : mais Henri était accoutumé à de pareils sacrifices de la part de ses serviteurs. Il récompensa celui-ci en lui donnant une place de président : cela se passa en 1593, la même année où Nicolas Bruslart fut nommé abbé commendataire de Longuay.

Du temps que Nicolas Bruslart fut abbé, ou plutôt du temps qu'il perçut sa part des revenus de notre abbaye, « il ne parut rien, dit l'abrégé chronologique, ni baux d'amodiation, ni autres actes, sinon qu'en l'année 1597, l'abbaye de Longuay fut cruellement molestée et pillée par les troupes qui étaient logées à Dancevoir et à Lignerolles. » Voici ce qui se passa. Ces soldats, qui méritent plutôt le nom de pillards, enfoncèrent les portes d'entrée, les buffets, les greniers, les caves et autres endroits, et pillèrent la maison pendant trois jours consécutifs. C'était les 27 et 28 février, et le 1er mars, jeudi, vendredi et samedi. Après avoir dévasté l'abbaye, les soldats emmenèrent « une grande quantité de grain, six muids et feuillettes de vin, sans compter la dépense de bouche » qu'ils avaient faite à la maison.

« Pour d'autant prouver, ajoute l'abrégé, que ledit seigneur Bruslart de Sillery était abbé pour lors, encore qu'on ne trouve aucun écrit de lui, c'est qu'un officier maraudeur de ces troupes, nommé Laforest, étant au cloître, fit appeler les religieux en usant de ces mots :

« Qui est celui qui gouverne céans et qui y commande ? » — Les religieux ayant répondu qu'en ce moment il n'était pas à la maison, l'officier reprit brutalement :

« Avisez entre vous, car il faut que vous me donniez 4 pièces de vin, 4 sacs de froment et 4 sacs d'avoine, chaque sac de la hauteur d'un homme

10

jusqu'à la barbe et en diligence, ou, je renie..... ! je ferai piller la maison ! »

Les bons religieux, « bien étonnés d'ouïr de telles paroles, conjurèrent l'officier d'avoir pitié d'eux. » Ensuite ils expliquèrent à Laforest ce qu'il en était de la maison, « et comment elle appartenait à un grand seigneur nommé M. de Sillery, qui était journellement auprès du Roi. » L'avide et farouche officier ne voulut rien entendre :

« Teste !...., s'écria-t-il avec fureur, c'est trop marchander ! » — Voyant la furie de cet homme et de ses gens, les religieux leur donnèrent sur le champ ce qu'ils demandaient.

M. de Sillery garda l'abbaye de Longuay jusqu'en l'an 1618, où il s'en démit en faveur d'un de ses petits-fils dont nous parlerons bientôt. Le chancelier, dont le crédit diminua sensiblement pendant la minorité de Louis XIII, et que le marquis d'Ancre fit éloigner des affaires, continua toutefois à présider deux conseils ; et même les sceaux, qui lui avaient été ôtés en 1616, lui furent rendus en 1623, à la mort de Caumartin. M. de Sillery, et son fils Puisieux, secrétaire d'État, s'opposaient de tout leur pouvoir à l'élévation du cardinal de Richelieu : ils redoutaient avec raison son esprit adroit, souple, et craignaient d'être supplantés par lui. Le cardinal sentit qu'il fallait les écarter : il se ligua avec le surintendant La Vieuville, qui devait sa fortune aux Sillery, et le chancelier succomba à cette ligue de l'ambition avec l'ingratitude.

Sillery, qu'on peignit comme un esclave de la cour de Rome et que l'on accusa d'être pensionnaire de la cour de Madrid, aima mieux prévenir sa disgrâce que de l'attendre : « Il se coucha, dit le facétieux Bassompierre, de peur d'être jeté par terre. » Il reporta, comme de lui-même, les sceaux au roi, et se retira sur le champ dans sa terre de Sillery, en Champagne, où il ne survécut pas à sa disgrâce. Il mourut en 1624, âgé de quatre-vingts ans, laissant la réputation d'un habile homme et d'un bon magistrat [1].

L'abbaye de Longuay ayant vaqué, en 1618, par la démission de messire Nicolas Bruslart, le Roi la donna à un enfant de dix ans, nommé François Dauvet, qui en fut le sixième abbé commendataire, et le deuxième du nom de François.

François II était fils de Gaspard, seigneur des Marets et gouverneur de Beauvais, et d'Isabelle Bruslart, fille de Nicolas de Sillery. Il naquit en l'an 1608. Son frère Nicolas était grand fauconnier de France. François Dauvet fut un des plus illustres abbés de Longuay, tant à cause des titres

---

[1]. Biographie universelle.

et qualités dont il était revêtu, qu'à cause des souvenirs encore vivants qu'il laissa dans notre abbaye. Disons tout de suite qu'il était conseiller du roi en ses conseils d'État et privés, seigneur spirituel et temporel de la ville de Pont-Saint-Esprit, prince de Tulette, baron de Sarians et autres lieux, et que ni le temps (il administra l'abbaye pendant près de quatre-vingts ans), ni les ressources ne lui firent défaut pour accomplir des œuvres qui sont aujourd'hui encore en partie debout. Nous allons résumer les actes de ce long et important abbatiat.

Dès les premiers temps de l'abbatiat de François II, en l'an 1626, il se passa, à Lignerolles, un fait qui mérite d'être rapporté, nous voulons dire l'érection de la cure. L'érection de cette cure, que l'on forma des villages de Lignerolles et des Goules, autrefois succursales d'Aubepierre, eut lieu à l'occasion d'une querelle entre Bénigne Sanrey, prêtre et docteur en théologie, demeurant à Langres, et Simon Gautherot, prêtre, demeurant à Aubepierre, et en vertu d'une transaction finalement passée entre les deux ecclésiastiques. Bénigne Sanrey, qui affirmait ses prétentions sur la cure d'Aubepierre, Lignerolles et les Goules, poursuivit devant l'officialité Simon Gautherot, qui prétendait, lui aussi, avoir des droits sur la même cure. Il paraît qu'une première sentence fut rendue en faveur du docteur

Sanrey, et que Simon Gautherot interjeta appel. Cependant on amena les parties à la composition suivante.

Il fut décidé que Bénigne Sanrey resterait paisible possesseur de la cure d'Aubepierre, et qu'il consentirait à la distraction des églises de Lignerolles et des Goules, ces églises devant être érigées en cure au profit de Simon Gautherot. De son côté, Simon Gautherot accepta la proposition et renonça au bénéfice de son appel, à condition que l'église de Lignerolles, « ainsi distraite et désunie, serait érigée en cure, sans avoir à l'avenir aucunes dépendances de l'église d'Aubepierre, et qu'à l'église de Lignerolles, érigée en cure, demeurerait jointe et annexée l'église des Goules, pour être les paroissiens d'icelle administrés et desservis par les curés de Lignerolles. »

Sébastien Zamet, évêque de Langres, qui assista à la rédaction de cet acte, donna son approbation à ce qui venait d'être fait, et promit de pourvoir Simon Gautherot de la cure de Lignerolles. — Vingt ans après, en 1646, l'abbé de Longuay abandonna à maître Jean Chameroy, curé de Lignerolles, ses droits sur la dîme de cette ville, moyennant dix livres, payables annuellement à la Saint-Martin d'hiver.

Sur les entrefaites, c'est-à-dire en 1630, notre

abbaye avait eu à soutenir un procès contre messire Sanrey, dont nous venons de parler, à propos des dîmes d'Aubepierre. Néanmoins les suites toujours fâcheuses d'un procès furent arrêtées à temps par une transaction passée entre les parties. En vertu de cette transaction, « messire François Dauvet, abbé de Longuay, » s'engagea, lui et ses successeurs, à payer annuellement et à perpétuité à « discrète personne messire Sanrey, docteur en théologie et curé d'Aubepierre, la somme de deux cents livres, » et à lui laisser percevoir « toutes les menues dîmes à Aubepierre, soit en laine, agneaux, navette, chanvre et autres choses, avec le creux de l'autel et tous droits curiaux. » A cette condition, Bénigne Sanrey abandonna à l'abbé toutes « les grosses dîmes d'Aubepierre, même les novalles, pour les lever et faire lever par ledit seigneur abbé, ainsi que bon lui semblera. » Cette transaction est du 6 juillet 1630.

Puisque nous sommes à Aubepierre, rappelons en quelques mots les actes qui concernent cette ville.

A l'année 1665 se rapporte la vente faite à Messieurs de Longuay, par demoiselle Gabrielle de Haudresson, femme de Michel de Louvet, seigneur d'Artigny, demeurant à Aubepierre, « d'un pré de 3 fauchées, situé au lieudit les Essarts, pour 78 livres, 4 mesures de froment et les vins. » A l'année 1668 se rapporte un jugement de la prévôté d'Aubepierre, rendu au profit de l'abbaye de Longuay contre M. le comte de Goëllo et Mesdemoiselles de Bretagne, ses sœurs, seigneur et dames d'Aubepierre, au sujet du cens de la forge d'Aubepierre. Cette sentence est du 21 août. Le 25 février de l'année suivante, une transaction fut passée entre messire François Dauvet, abbé de Longuay, et les religieux d'une part, et les habitants de la communauté d'Aubepierre d'autre part, à propos des droits qu'avait notre abbaye sur le four banal. Cette transaction accorda aux habitants la permission d'avoir des fours particuliers dans leurs maisons, et les déclara dispensés et « exempts de porter leur pâte aux fours banaux dudit Aubepierre, appartenant à ladite abbaye. » En retour de cette faveur, les habitants s'engagèrent à payer annuellement et perpétuéllement à nos religieux, le jour de la Saint-Étienne, lendemain de Noël, huit sous pour chacun d'eux. Les mendiants ne devaient que quatre sous. L'omission de payer cette redevance était punie d'une amende de deux sous et six deniers.

La même année, une transaction semblable fut passée entre notre abbaye et les habitants de Lignerolles et des Goules.

Les autres actes de l'abbatiat de François II regardent Créancey, Dancevoir, Foiseul et Latrecey : ils se rapportent à quelques donations, baux et transactions qui ne nous ont pas paru être d'une importance considérable, et à des jugements rendus au profit de notre abbaye. Nous nous contenterons de citer la vente que « Jacques de Mont-Saint-Léger, seigneur de Bémont et de Rosières, et dame Louise de Serocourt, son épouse, firent à MM. de Longuay, pour la somme de cent quarante livres tournois, » d'un certain nombre de prés situés à Dancevoir ; et la sentence rendue, en 1594, contre les habitants de Lignerolles, qui, depuis cinq ans, n'avaient pas payé la taille seigneuriale. Cette taille était, nous l'avons dit, de dix-sept livres, dix-sept sous, huit deniers.

Au mois de mai 1667, l'ordre bénédictin tint à Citeaux un chapitre général. Parmi les religieux qui s'y rendirent, se trouvait un moine de Wettingen, nommé Joseph Méglinger, homme savant, spirituel, et ami du célèbre Mabillon ; il nous a laissé, sous le titre de *Iter Cistercience*, le récit de son voyage en France. Ayant voulu visiter les lieux sanctifiés par la présence de saint Bernard, Dom Méglinger eut l'occasion de passer à Longuay, en allant d'Auberive à Clairvaux. Après avoir raconté divers incidents de la route de Citeaux à Auberive, l'auteur ajoute :

« Ensuite nous continuâmes notre route vers Longuay, autre monastère situé à quatre lieues de là.....

.......Midi nous trouva à Longuay. Ce monastère, très-agréablement et très-avantageusement situé, fut fondé l'an 1149 par saint Bernard, notre bon père, vivant encore. A en juger par la grandeur et la beauté des édifices, ce fut autrefois un monastère remarquable. Présentement, l'église et les logements des moines sont dans un déplorable état de délabrement : ils le doivent à une cause qui fait gémir sur leur décadence tant de couvents florissants autrefois ; Longuay est tombé en commende........

.......Le prieur de Longuay nous fit servir à dîner avec la plus parfaite charité, comme s'il eût possédé tout en abondance et n'eût donné que son superflu. Le charme de sa politesse et l'agrément de sa conversation ajoutait un nouveau prix à ce qu'il nous offrait si généreusement ; sous ce double rapport, je n'ai pas rencontré dans mon voyage quelqu'un de plus distingué. Il était facile de reconnaître en lui l'homme savant et pieux : en l'entendant répondre avec modestie à mes questions, m'adresser les siennes avec prudence, je plaignais son sort de tout mon cœur, car je l'estimais digne de commander dans de meilleures conditions.

Après avoir pourvu à notre appétit, il voulut

10.

donner un aliment à notre piété en nous montrant de précieux et saints objets. Nous nous rendîmes à l'église, et il nous fit voir le vêtement que portait ordinairement, en guise de chemise, notre très-doux père saint Bernard. C'est un léger tissu de laine blanche, semblable à nos habits de chœur ; à en juger par sa longueur, il descendait aux genoux. Il ne forme pas de plis près du collet ; mais, à cet endroit, un petit capuce vient s'y adapter par une couture toute droite. Selon toute apparence, ce capuce était destiné à servir de nuit seulement ; il est très-petit, en effet, juste suffisant pour couvrir la tête. En le repliant, il pouvait facilement se déguiser sous la robe pendant le jour.

On nous montra aussi à l'abbaye de Longuay la mître de saint Malachie, archevêque d'Irlande.... Ce qui fait le prix de cette mître, c'est d'avoir servi à un homme d'une telle sainteté ; car les lames d'or, petites et étroites, qui en ornent la soie rouge, sont loin de représenter une grande valeur.

Nous étions près de monter à cheval, lorsque le prieur nous invita à visiter encore le grand jardin. Mais il nous restait six heures de chemin ; nous ne pûmes donc qu'y jeter un coup d'œil..... Ayant exprimé notre reconnaissance, nous nous empressâmes de partir [1]. »

---

[1]. Semaine religieuse de Langres, tome IV, nos 31 et 32.

Tel est, en ce qui regarde l'abbaye de Longuay, le récit de Dom Joseph Méglinger. Nous en avons retranché les doléances que lui inspira le partage des biens des abbayes devenues des commendes, par la raison qu'à l'époque où le pieux voyageur s'arrêta à Longuay, telle n'était pas la situation de notre abbaye. Depuis que Longuay fut remis à l'administration des abbés commendataires, jusqu'en l'an 1681, en effet, les religieux furent considérés et traités comme pensionnaires, aucun partage n'ayant été fait entre eux et les abbés commendataires. Cet important événement arriva du temps de François II, en l'an 1681, et fut dû à l'initiative du révérendissime abbé de Clairvaux.

Ce prélat vigilant ayant voulu que le partage des biens se fît, dans toutes les abbayes de sa filiation, entre les religieux et les abbés commendataires, il se trouva que l'abbaye de Longuay fut la première par où l'on commença à appliquer la résolution de l'abbé de Clairvaux. Pour arriver à un résultat qui, sans doute, ne devait pas rendre leur situation pire, les religieux de Longuay obtinrent une commission du grand conseil, et firent assigner M. des Marets « pour raison de partager les fonds de ladite abbaye. » L'abbé François Dauvet, considérant que cette affaire, vu l'entrain que les religieux semblaient vouloir y mettre, aurait de grandes suites, désirant d'ailleurs vivre en paix avec les religieux, transigea avec eux. L'acte de cette transaction fut fait par un nommé Jacquinot, notaire royal à Langres, le 3 février 1681.

Cet acte constate la qualité des lots faits aux co-partageants et le dénombrement des choses qui composent ces lots. Il nous suffira de dire ici que d'ordinaire on faisait trois parts des biens et revenus : une part pour les abbés commendataires ; une pour les religieux, et une troisième pour les réparations et l'acquit des charges.

« Pendant que M. des Marets fut abbé de Longuay, dit l'abrégé chronologique de Simon Bridat, il eut grand soin de conserver et défendre les revenus de l'abbaye. Il en retira plusieurs qui avaient été aliénés, agit en économie, comme une personne de sa qualité et condition devait faire. La maison abbatiale lui est redevable de ses beaux et magnifiques appartements. » Les armes de François II se voient encore au plafond du vestibule.

L'abbé des Marets, « dont le train et les grands équipages, proportionnés à sa condition et à ses revenus, » étaient loin de déguiser la magnificence, ne négligea point cependant ce qui se rapporte au culte de Dieu. Il fit, en effet, décorer sa chapelle privée avec un goût parfait : l'on peut voir encore aujourd'hui la salle de la maison abbatiale dont il avait fait sa chapelle, ainsi que l'autel et les boiseries qui l'ornaient. L'autel est d'ordre *composite :* le tombeau porte le monogramme de Marie, entouré de palmes d'or ; et le rétable se compose de deux colonnes ornées de guirlandes d'or et de cannelures, surmontées d'une volute, et couronnées par des chapiteaux prolongés en corniche, et il a été disposé de manière à pouvoir encadrer un tableau. La peinture que l'abbé des Marets y avait fait placer a disparu ; elle a été remplacée par une toile représentant l'Annonciation.

Quant aux boiseries, elles offrent une série de vingt tableaux, dont l'artiste a pris les sujets dans l'histoire de l'Église, ou dans les souvenirs de la vie érémitique et cénobitique. Chaque panneau supérieur forme un médaillon ; au-dessous, un poète, inconnu aussi bien que le peintre dont il explique les pieuses inspirations, a redit en deux distiques le sujet du petit tableau. Nous reproduirons à la fin de ce travail les légendes explicatives de ces vingt médaillons [1]. L'ornementation de la chapelle de M. des Marets comprenait en outre onze tableaux de grand mérite, représentant les faits

1. Voir à l'appendice, n° 4.

principaux de la vie de la Sainte Vierge et de Notre Seigneur Jésus-Christ [1].

Les soins que l'abbé des Marets donna aux travaux dont nous venons de parler, remplirent les dernières années de son long abbatiat. Étant arrivé à l'âge de 87 ans, et après avoir gouverné l'abbaye de Longuay pendant soixante-dix-sept ans, François II mourut le 8 octobre 1695.

La commende de Longuay ne vaqua pas longtemps après la mort de François II. Dès le 1er novembre de l'année 1695, en effet, le Roi en pourvut Bernard-Louis-Léonard Langdou de la Villeneuve, que l'on trouve aussi nommé Langdou de Villerceau. Le nouvel abbé de Longuay, chanoine de Chartres, était fils de la sœur et conséquemment neveu de Jean-François de Brizay d'Énouville, évêque de Comminges. Si les religieux de Longuay trouvèrent quelquefois que François II était trop mondain pour un homme d'église, il ne tardèrent pas, croyons-nous, à regretter sa pacifique administration, quand ils eurent connu les procédés de son successeur.

« Pendant tout le temps que cet abbé a vécu, dit en effet l'abrégé de Simon Bridat, c'est-à-dire jusqu'en l'an 1714, il ne paraît pas qu'il ait donné

1. Ces tableaux furent donnés à la fabrique d'Aubepierre, dont ils décorent aujourd'hui l'église paroissiale.

des marques d'un bon et fidèle économe : il y a trop de pièces contre lui. » C'est ainsi que les religieux obtinrent un jugement qui l'obligea à leur remettre 400 livres pour une maison d'Aubepierre qui leur appartenait, et que l'abbé de la Villeneuve avait vendue de son chef. Quelque temps après, l'abbé fut condamné par arrêt de la Table de marbre de Paris, à payer la somme de 1131 livres, pour des dégradations et des ventes dans les bois. « Nous passons sous silence, ajoute l'abrégé, bien des inhumanités, excès et voies de fait commis envers messieurs les religieux par les domestiques dudit sieur abbé. »

Les actes de cette période, qui fut une des plus douloureuses pour nos religieux, se réduisent à un échange de terres et de prés de la métairie de Fées, qui appartenait à l'abbé, contre l'étang de Villey, qui était du lot des religieux ; à divers jugements rendus contre les habitants des Goules, qui avaient refusé de payer la taille seigneuriale ; à l'acquisition de quelques journaux de terre, soit à Dancevoir, sur Philippe Champagne, praticien, soit à Aubepierre, sur Claude Travaillien et Dimanche Nicole. Ces acquêts coûtèrent à l'abbaye la somme de 22 livres.

En 1700, Nicolas Mugneroi, demeurant à Longuay, donna par testament à notre abbaye, afin d'obtenir la faveur « d'être inhumé sous la galerie, près de l'église et d'avoir part aux prières, 4 journaux de terre et 27 paniers de mouches à miel. »

En sorte que le fait le plus mémorable arrivé du temps de l'abbé de Villeneuve, c'est le vol nocturne que Simon Bridat a cru devoir nous rapporter. Donc « en l'an 1701, alors que Dom Julien d'Arimont était prieur de Longuay, il arriva que la nuit du 15 au 16 février, après que les religieux et les domestiques se furent retirés dans leurs chambres, deux voleurs s'introduisirent dans la maison conventuelle par une rupture d'une espèce de tourelle qui était dans le jardin de l'enclos. Ayant forcé les portes de la cuisine et du réfectoire et pénétré dans ces pièces, ils rompirent les serrures des armoires qui servaient à retirer les couverts de la table, prirent 11 cuillères et 12 fourchettes, une tasse et le manche d'un couteau, le tout d'argent. Ils volèrent également plusieurs nappes de table. Les malfaiteurs attendirent ensuite l'heure où les religieux allaient à Matines ; et quand la communauté fut réunie à l'église, ils dressèrent des échelles contre les fenêtres des religieux. De cette sorte ils pénétrèrent dans les chambres, notamment dans celle de M. d'Arimont, prieur, où ils prirent trois grandes tasses en argent, une montre, beaucoup de linge et divers autres objets mobiliers. Tout ce qu'on put savoir de ces voleurs, qui jamais n'ont été découverts, c'est qu'ils étaient deux : on le vit par les pas imprimés sur la neige qui était tombée la même nuit. »

M. de la Villeneuve, dont l'abbatiat fut si peu heureux pour les religieux, garda la commende de Longuay jusqu'à sa mort, qui arriva au commencement de l'année 1714. Le 19 mai de la même année, un billet royal pourvut de l'abbaye messire Charles-Louis de Caqueray. Cet ecclésiastique, que l'on trouve nommé aussi Coqueré et de Caqueré, était docteur de Sorbonne et grand vicaire de l'évêque de Langres.

CHAPITRE XIV

Abbatiat de M. de Caqueray. -- Le fidèle économe. -- Réparations à l'église. -- Communauté de Longuay. -- M. de Bragelongne, neuvième abbé. -- Sa mort en 1764. -- M. de Plan de Beaumelle, dixième et dernier abbé de Longuay. -- Réparations à Longuay. -- Procès. -- Convocation des États généraux, en 1789. -- Mission du prieur de Longuay. -- Décret fatal. -- Travail de décomposition. -- Paix aux morts !

L'installation de M. de Caqueray inaugura pour nos religieux, qui avaient enduré tant de vexations durant le précédent abbatiat, une ère de tranquillité et de bonheur. En effet, depuis sa nomination, M. de Caqueray ne cessa de donner des marques d'un fidèle et inviolable attachement à la conservation des droits et privilèges de l'abbaye, et il se montra semblable au bon et fidèle économe de l'Évangile. « Le temps de gémir est passé, s'écrie Simon Bridat ; ce seigneur abbé a mis toute crainte bas ; les orages sont dissipés et le calme renaît. »

Pour mettre le comble à la joie des religieux, le révérendissime abbé de Clairvaux envoya à Longuay, en qualité de prieur, Dom Louis Gentil, personnage de tous points digne du choix qui en avait été fait, et qui travailla conjointement avec M. l'abbé au bien et à l'amélioration de l'abbaye. Dom Louis Gentil arriva à Longuay en 1728.

Les actes principaux de l'abbatiat de M. de Caqueray se rapportent à la création d'une rente au profit des religieux, et aux réparations que l'on fit à l'église conventuelle.

Le 30 juin 1724, notre maison déposa aux aides et gabelles de Langres, la somme de 1322 livres, 10 sous, devant fournir une rente annuelle et perpétuelle de 26 livres, 13 sous, au profit des religieux. Cette rente était payable le 1er octobre, et devait se prendre sur les tailles et autres impositions, tant des pays d'élection que des pays d'État.

Mais ce qui eut la meilleure part de la sollicitude de M. de Caqueray, ce furent les réparations urgentes que réclamait l'église conventuelle. Pour satisfaire à ce besoin, et pour mettre l'église de Longuay en l'état où elle se trouvait à la fin du siècle dernier, M. l'abbé, le prieur et les religieux obtinrent, par arrêt du grand conseil, la coupe d'une réserve contenant 108 arpents. Cette coupe fut vendue à raison de 90 livres l'arpent : M. l'abbé eut les deux tiers, et les religieux un tiers. Un second arrêt du grand conseil ayant autorisé la vente de vieilles écorces, ce fut une nouvelle source d'argent qu'on employa à la réparation de l'église. « Voici, dit l'abrégé, un bref état des réparations » qui furent faites alors, et qui n'altérèrent en aucune façon les bons rapports des religieux et de M. l'abbé. Tout, en effet, se passa « amiablement, sans aucune difficulté ; c'est ce qui a fait nommer à juste titre cette maison de Longuay « le bien uni. »

« 1° Toute la couverture de l'église fut retenue à neuf d'un bout à l'autre, la charpente tavillonnée, lattée et contre-lattée, et ce aux frais de M. l'abbé.

2° L'église fut entièrement reblanchie : la communauté y contribua pour un tiers.

3° Les vitraux furent remis tout à neuf : la communauté contribua au moins pour un tiers à cette dépense. Tous les anciens vitraux étaient du même dessin que la rose qui était au-dessus de la lampe, et que l'on y a laissée pour son antiquité. Les vitres, plus d'à moitié cassées, étaient d'un verre qui avait l'épaisseur d'un écu de 6 livres.

4° L'église fut relevée au moins de deux pieds, afin qu'elle fût de niveau avec le sanctuaire ; pavée à neuf, à l'exception des deux côtés de la croisée. Le parquet en marbre fut fait aux frais des religieux.

5° Les stalles furent faites par les soins des religieux, ainsi que les deux chapelles, qui y sont adossées. » Dans l'une des chapelles dont il est question ici, se trouvait une statue de Notre Seigneur appuyé sur sa croix, et dans l'autre, une statue représentant la Sainte Vierge dans l'attitude de la douleur. Ces deux statues, qui étaient en bois, sont sorties de l'atelier de Jean-Baptiste Bouchardon, de Chaumont. Elles furent dans la suite transportées au musée de la Haute-Marne ; puis données à l'église de cette ville, où elles ornent l'entrée du sépulcre [1].

Les deux chapelles qui étaient près du maître-autel de l'église de Longuay, furent également faites aux frais des religieux, ainsi que tous les lambris qui se trouvaient derrière les stalles. Tous ces travaux furent entrepris en l'an 1735.

M. de Caqueray eut soin également de mettre en ordre les archives de la maison, tant les titres qui le concernaient comme abbé, que ceux qui intéressaient la communauté. La communauté se composait alors de Dom Louis Gentil, prieur, qui était arrivé en 1728, et qui vivait encore en 1753;

---

[1]. L'autel de l'église se trouve présentement dans l'église d'Aubepierre.

de Dom François Janinet, sous-prieur ; de Dom Louis Rapeau, procureur ; de Dom Charles Gentil, et de Dom François Collin, curé. Il y avait aussi un Frère nommé Gabriel Barbin de Broye [1].

Telles furent les œuvres qui remplirent l'abbatiat de M. de Caqueray. Cependant cet excellent abbé, avec qui nos religieux ne cessèrent d'avoir des relations caractérisées par l'union la plus intime et la plus parfaite charité, arriva à son dernier instant. Il mourut en 1749, regretté de tous les religieux en qui il avait plutôt vu des frères que des subordonnés, et alla, à la faveur des prières de ceux qu'il laissait, chose étonnante pour un abbé commendataire, véritablement orphelins sur la terre, recevoir au ciel la récompense de ses bonnes œuvres.

L'année même de la mort de M. de Caqueray, le Roi nomma pour neuvième abbé commendataire de Longuay, Geoffroi-Dominique-Charles de Bragelongne, doyen et vicaire général de Beauvais.

En dehors des documents constatant les procès que M. de Bragelongne eut à soutenir contre les héritiers de M. de Caqueray, documents qui n'ont rapport qu'à des affaires toutes personnelles, et où nous n'avons rien trouvé d'utile pour cette notice,

---

1. Abrégé chronologique de Simon Bridat.

le souvenir le plus important qui nous reste de cet abbatiat est un plan détaillé de Longuay et des propriétés dépendant de la manse abbatiale, en 1753. Ces plans, qui furent levés par Joachim Meusy, de Dancevoir, géomètre de M. l'abbé, forment un volume in-folio de 23 pages, y compris les tables. On y voit : 1° une description de l'abbaye [1], c'est-à-dire de la maison conventuelle, du dortoir, de l'église, de la maison abbatiale et de diverses dépendances ; 2° la description des propriétés dont les revenus constituaient la manse abbatiale ; par exemple, du bois de Lignerolles, de la forge de Chevrolley, de la forêt du Périer, du quart de réserve des bois de Dancevoir, du bois de Val-Corbeau, etc ; de la ferme du Charmoy, de la ferme de la Champagne, de Nuisement, etc.

M. de Bragelongne mourut en 1764, à Paris, où il faisait sa résidence habituelle.

La même année, le Roi nomma abbé commendataire de l'abbaye royale de Longuay messire André de Plan de Beaumelle, vicaire général du diocèse d'Embrun et prévôt de l'église métropolitaine de la même ville. Cet ecclésiastique était frère de M. de Plan des Augiers, évêque de Die.

1. C'est d'après ce plan qu'a été fait celui que nous avons joint à ce travail : nous le devons à l'obligeante communication de M. A. Travaillien, d'Aubepierre.

Peu de temps après que le nouvel abbé eut pris possession de sa commende, le 22 juillet 1765 et les jours suivants, on dressa un procès-verbal détaillé des réparations urgentes qui se trouvaient à faire à Longuay, à la mort de M. l'abbé de Bragelongne. Ces réparations se rapportaient aux fermes appartenant à M. l'abbé, à l'abbatiale, à tous les lieux réguliers de la maison : église, cloître, dortoir, logis des hôtes, bâtiments anciens des Frères convers, le pont de Lignerolles, etc., etc. M. de Plan de Beaumelle prit sur lui toutes les réparations portées au procès-verbal, et s'obligea à les faire conformément au devis estimatif et au prix du devis, à savoir, pour la somme de 24,324 livres. Les réparations furent promptement achevées « et bien faites, » selon que l'indique le procès-verbal de réception, daté du 29 juillet 1767, qui, du greffe du bailliage de Chaumont, a passé aux archives du département de la Haute-Marne.

Outre ces soins domestiques, qui occupèrent les deux premières années de son abbatiat, M. de Plan de Beaumelle eut des procès considérables à soutenir, soit contre les héritiers de son prédécesseur, soit contre le prieur et les religieux mêmes de son abbaye. Nous n'avons rien à dire des premiers ; mais nous ne saurions passer sous silence les seconds, tant à cause de l'importance de leur objet, qu'à cause du retentissement qu'ils eurent en ce temps-là.

Ces procès, qui, commencés vers la fin de 1773 ou au début de 1774, ne furent terminés définitivement qu'en 1779, avaient pour objet la fontaine et les lavoirs à mines de Progney, au canton de la Lucine ; l'abbé les considérait comme dépendance essentielle de la forge de Chevrolley, qui était de sa manse, tandis que les religieux de Longuay les déclaraient absolument inséparables de leur ferme de la Lucine.

Dès 1774, une première sentence fut rendue en faveur du prieur, des religieux et du couvent de Longuay. Mais cette sentence était loin, comme nous le verrons par la suite de l'affaire, d'être décisive : ce n'était, en effet, qu'une « sentence interlocutoire permettant d'opposer la preuve testimoniale à la preuve écrite. » M. de Beaumelle, ayant trouvé « frappant le vice d'une telle sentence, s'en rendit appelant. »

En conséquence, il adressa aux religieux de Longuay un « Précis signifié, » dont voici le début : « Il n'est point de question plus simple ni plus facile à décider, dit-il, que celle qui fait l'objet de la contestation actuelle entre l'abbé et les religieux de Longuay. Il s'agit uniquement de savoir si la fontaine et les lavoirs à mines de Progney sont une

11

dépendance de la forge de Chevrolley, ou une dépendance de la Lucine. Les religieux qui ont dans leur lot la métairie, n'ont ni titre, ni possession pour établir cette dépendance ; l'abbé, au contraire, à qui la forge appartient, la prouve par l'acte même du partage qui fait son titre, et par une multitude de baux confirmatifs. Cependant, à force d'allégations et de sophismes, les religieux sont venus à bout de surprendre la religion des premiers juges, au point d'en obtenir une sentence interlocutoire, qui leur permet d'opposer la preuve testimoniale à la preuve écrite. » Tel est l'exorde assez vert du Précis signifié [1].

M. de Beaumelle obtint cette fois une sentence favorable à ses prétentions. En 1774, « un arrêt solennel déclara que l'abbé devait jouir des lavoirs à mines, appelés de Progney, comme ayant toujours fait partie des forges de Chevrolley [2]. »

Les choses en restèrent là pendant quelques années, tant qu'enfin les religieux qui avaient voulu, sans doute, se livrer à un examen plus approfondi de la question, reprirent l'affaire qu'ils étaient loin de considérer comme définitivement jugée. En 1778, ils prétendirent donc que les lavoirs de Progney n'étaient nullement une dépendance essentielle de

1. Archives dép., 16e liasse : Précis signifié, page 1.
2. Mémoire de 1778, page 1 : Archives dép.

la forge de Chevrolley ; mais qu'ils appartenaient absolument à la ferme de la Lucine, sur le territoire de laquelle ils sont situés.

A cette prétention M. de Beaumelle répondit, avril 1778, par un mémoire de 33 pages, où il établit à nouveau ses droits, rappelle l'arrêt de 1774, et s'applique à démontrer : 1° « que les lavoirs à mines de la fontaine de Progney sont une dépendance naturelle, d'usage et de convention de la forge de Chevrolley ; 2° que ces lavoirs sont inutiles à la ferme de la Lucine ; 3° que le terrain sur lequel ils sont assis n'a jamais été dépendant de la ferme des religieux. » Enfin l'auteur du mémoire réfute les objections de ses adversaires.

Le 30 décembre de la même année, les religieux répondirent à leur abbé par un mémoire de 68 pages, auquel M. de Beaumelle répliqua immédiatement dans une « réponse sommaire » de 21 pages. « Il faut donc répondre au mémoire signifié de la part des religieux, disent les défenseurs de M. l'abbé, puisqu'on le demande : mais nous nous garderons bien d'entrer dans tout le détail fastidieux de cet amas confus d'allégations sans preuves, de faits sans vraisemblance et de raisonnements sans principes ; d'autant plus que, ce volume passé par le feu analytique d'une discussion judicieuse, il n'en reste que des assertions qui s'anéantissent à la présence des droits incontestables du sieur abbé de Beaumelle. » Tel est le début de cette réponse ; en voici la conclusion : « Ce système de nos adversaires ne peut soutenir les regards de la justice. Où est la loi qui puisse lui servir de prétexte ? y a-t-il une étincelle de raison à la lueur de laquelle il puisse se présenter ? Non ; nos adversaires, pour éviter une absurdité, sont tombés dans une autre, comme de Carybde dans Scylla. » Telles sont les aménités que « MM. Goudin, rapporteur, » et « Camusat d'Assenet, procureur, » adressèrent au prieur, aux religieux et couvent de Longuay [1].

Ce factum fut suivi d'une « réplique » de 34 pages, que nos religieux publièrent le 3 février 1779. Outre les pièces que nous avons signalées, il en est encore deux, les dernières de ce procès, intitulées : Mémoire sur partage [2], et Addition au mémoire sur partage [3], où les défenseurs de M. de Beaumelle nous paraissent avoir trop souvent oublié qu'une injure n'est pas une raison. Il y avait cinq ans que cette grave affaire était entre les mains de la justice, quand, le 28 avril 1779, c'est-à-dire quelques jours après la publication de l'Addi-

1. Réponse sommaire, page 1, et page 21.
2. 17 avril 1779.
3. 22 avril 1779 : Archives dép.

tion au mémoire sur partage, un arrêt du conseil du roi mit fin à ce trop long procès, « en condamnant M. de Beaumelle à une indemnité de 1800 livres au profit des religieux, pour dommages et intérêts. »

La solution définitive de cette grave affaire ramena le calme et la paix au monastère de Longuay : c'était bien du moins que les pieux habitants de ce cher asile eussent quelques années de tranquillité en attendant, dans une précieuse ignorance des événements à venir, les calamités qui menaçaient, en France, les institutions religieuses !

En 1783, le prieur de Longuay était un religieux nommé Dom Claude Chavelet, et le procureur, Dom Étienne-Charles-Mammès Leclerc de Vodonne ; et en 1787, année où nous avons trouvé pour la dernière fois le nom de M. de Beaumelle inscrit dans les actes de l'abbaye, les fonctions de prieur étaient remplies par Dom Philippe Dumoutier, celles de procureur, par Dom Cœur de Roy. En 1789, le prieur était Dom Jean-Claude Thiriot, le même qui, le 5 mai, fut député aux États généraux par le bailliage de Chaumont.

Cependant des événements politiques se préparaient, qui devaient avoir pour notre abbaye les conséquences les plus lugubres. Les États généraux de la nation française furent convoqués pour le 5 mai 1789 : au nombre des députés se trouvait, comme nous l'avons dit, le prieur de Longuay, en qualité de fondé de pouvoir de M. Deverdun, curé de Vaudeville.

A peine les États généraux furent-ils réunis que les plus vifs dissentiments y éclatèrent. Enfin, les députés du tiers-état et une partie du clergé se formèrent en assemblée nationale constituante. (17 juin 1789.) On sait qu'avant de quitter Versailles, l'assemblée vota l'abolition de tous les priléges ; celle de la noblesse et de toutes les distinctions honorifiques vint compléter la réforme. Mais comme elle tarit en même temps plusieurs sources du revenu public, l'assemblée, pour remédier au déficit des finances qui devenait de jour en jour plus menaçant, créa sous le nom d'assignats un nouveau papier-monnaie que l'on donna comme la représentation des biens du clergé. Ces biens furent déclarés propriétés nationales.

Ce décret atteignit du même coup toutes les pieuses institutions dont la France était couverte, et qui étaient comme autant d'actes de foi de nos aïeux. Pareil aux éclats de la foudre, il jeta le trouble et l'effroi au sein du tranquille vallon de Longuay ; il y interrompit soudain l'hymne de louange qui, depuis près de sept siècles, retentissait sous les voûtes de son sanctuaire ; il dispersa les hôtes pieux qui y étaient venus chercher, loin du bruit et des délices de ce monde, le calme et la paix en attendant le repos de la tombe et les délices du ciel, et, à la place de la vie qui tout à l'heure y circulait pleinement, il mit les glaces de la mort.

Cependant les religieux de Longuay purent encore, avant d'être rejetés dans le monde dont ils s'étaient volontairement séparés, se grouper une fois autour de l'autel et assister à une auguste et touchante cérémonie. Une ordination eut lieu dans l'église conventuelle de Longuay, et fut faite par M. de Plan des Augiers, évêque de Die, lequel était, comme nous l'avons dit, frère de M. de Plan de Beaumelle, dernier abbé de Longuay [1]. Nous n'avons pu savoir d'une façon précise la date où cette ordination eut lieu dans notre abbaye ; mais nous pensons que ce fut en 1789, alors que M. de la Luzerne, évêque de Langres, était retenu loin de son diocèse par les fonctions qu'il géra, cette année même, de président de l'Assemblée nationale.

Maintenant que notre travail est arrivé à sa fin, il ne nous reste plus qu'à assister à un douloureux spectacle, nous voulons dire celui qui se fit bientôt de la décomposition de notre abbaye. Les religieux

---

[1]. Voir à l'appendice la liste des abbés.

quittèrent le cloître, sous lequel ils n'avaient plus le droit de s'abriter, et s'en allèrent de par le monde attendre l'heure suprême. Cet événement eut lieu au mois de mars 1790, par suite du décret qui ordonna la vente des biens nationaux jusqu'à concurrence de 400 millions.

En 1791, on commença la vente des biens du monastère. La maison conventuelle, l'église, l'abbatiale et leurs dépendances furent adjugées à un Suisse d'origine, nommé Jacques de Weisbeck.

Voici, d'après le registre des ventes des biens nationaux, le montant de quelques adjudications faites des biens de l'abbaye de Longuay en 1791, 1792 et 1793, lesquels produisaient à cette époque, la manse abbatiale et la manse conventuelle réunies, un revenu de vingt et quelques mille livres.

1791. Le 3 mars, les terres labourables, prés, bois et marais de Chemin-Bœuf, sur le territoire d'Aubepierre, furent adjugés pour 21,400 francs, et la ferme de la Champagne, pour 11,100 francs. — Le 24, les forges et fourneaux de Chevrolley furent adjugés pour 32,000 francs, et 17 journaux de terre, avec maison et clos, à Latrecey, pour 3,325 francs. — Le 26 mai, furent adjugés : le grand pré attenant aux murs de l'abbaye, pour 27,100 francs ; le pré Rossois et divers bois, pour 5,100 francs. — Juin. Le 16, la ferme de Val-

Corbeau, territoire de Coupray et Cour-l'Évêque, fut adjugée pour la somme de 24,000 francs. — Le 30, la Lucine et 7 arpents de bois, pour 95,130 francs. — Juillet. Le 7, adjudication des bâtiments et des biens de Foiseul, pour 74,300 francs. Ce chiffre représente la part du principal adjudicataire. — Le 21, la ferme de Villiers (Montribourg) fut adjugée pour 102,800 francs, et celle du Pressoir, à Ormoy, pour 41,400 francs. — Octobre. Le 27, la ferme de Champlain fut adjugée pour 5,650 francs. Cette métairie est située sur le territoire d'Aubepierre. Le même jour, on adjugea pour 6,500 francs plusieurs prés à Aubepierre.

1792. Janvier. Le 26, plusieurs prés situés à Aubepierre et à Dancevoir furent adjugés à différentes personnes du pays, pour la somme totale de 46,945 francs. — Avril. Le 26, le moulin d'Aubepierre et dépendances, adjugés pour la somme de 19,000 francs. — Mai. Le 24, différents prés situés sur le territoire d'Aubepierre, adjugés à diverses personnes pour la somme totale de 22,835 francs.

1793. Janvier. Le 31, quelques prés situés sur le territoire de Boudreville, adjugés pour 4,600 francs. — Mai. Le 23, un pré situé à Aubepierre fut adjugé pour la somme de 13,200 francs [1].

1. Extraits du registre des ventes des biens nationaux. Archives du département.

Nous ne donnerons pas de plus longs détails que ceux qu'on vient de lire sur le travail de décomposition de l'abbaye de Longuay. Chacun pourrait, au besoin, consulter dans les archives des départements voisins [1], aux territoires desquels appartiennent maintenant beaucoup d'anciennes propriétés du monastère, des registres semblables à celui qui nous a fourni ces renseignements. Nous en avons dit assez pour montrer comment fut renversée notre chère abbaye, qui, fondée sous le pontificat de Pascal II et sous le règne de Philippe Ier, roi de France, a vu 107 papes s'asseoir sur la chaire de saint Pierre, et 30 rois se succéder sur le trône de France ; comment disparut en deux ans une œuvre qui en avait duré 689 !

Paix aux morts !

1. Notamment l'Aube et la Côte-d'Or.

FIN.

APPENDICE

N° 1.

Charte constatant la donation du bien de Lugny, faite par Chrétien, prieur de Longuay, à l'église Saint-Étienne de Dijon.

Memoriæ omnium his litteris adsignamus quod Christianus, prior de Longo-Vado, et Stephanus, frater ejus, Hugo et Guido, canonici, aliique ipsius loci Fratres tam clerici quam laïci, locum qui dicitur Lovineius ecclesiæ S. Stephani Divionensis, per manum Heberti, abbatis, dederunt et perpetualiter habendum concesserunt. Hoc donum Odo, Dominus de Granceïo calumniari cœpit; undè ab ipso abbate et à Fratribus conventûs, locum ipsum libere sancto Stephano concessit, laudante uxore suâ Novâ et fratre suo Raynaldo. Nam nihil in contentione rei proprium detinentes, loci ipsius prata, terras cultas et incultas omnino concesserunt. Tunc affuerunt cum abbate canonici Gislebertus; Girardus de Aspero-Monte;

Wido de Longo-Vado, et milites Josbertus, frater Gisleberti ; Raynerius de Frollois ; B. de Grance ; Raynaldus Coldarum ; Johannes, prepositus de Granceïo ; Astornellus, mimus ; Henricus, filius Lamberti de Aujurrâ ; Natalis et Arius, famuli. (Extrait du Cartulaire de Saint-Étienne de Dijon, 2ᵉ partie, fol. 57.)

—

Nº 2.

Charte de Willenc, évêque de Langres, approuvant l'introduction de la règle de Saint-Augustin à Longuay.

Guilencus Dei gratiâ Lingonensis ecclesiæ minister, piè ac benignè suscipiens votum atque petitionem fratrum in Longo-Vado commorantium, et vitam suam sub regulâ S. Augustini constringere volentium, his quod piè postularunt assensu capituli nostri prædictis fratribus annuimus, et in perpetuum confirmandum decernimus, ut fratres ibidem commorantes secundùm S. Augustini et sanctorum patrum institutionem dignè Deo serviant, et domus in servitiis pauperum et hospitalitatis officio eo quod cœpit caritatis proposito perseveret ; quorum tres, fratrem scilicet Christianum cum nepotibus Guidone et Hugone, qui jampridem se Deo et illi loco devoverunt, ad hoc opus statuimus, et alios prout Dominus donaverit aliundè recipi mandamus. Neve aliqua de prædicto Guidone calumnia ab ecclesiâ Divionensi B.

protomartyris Stephani ulterius oriatur, notum sit omnibus laude et assensu Domni Heberti, venerabilis abbatis, in manus nostras ad supradictæ domûs supplendam necessitatem liberè devenisse : hujus rei Guidone, cantore, et archidiacono Pontio quoque testibus existentibus. Illud autem authoritate nobis à Deo concessâ firmâ stabilitate quantum possumus sancimus, et sub anathemate confirmamus, ut nullus unquam episcopus, nullus ex ipsius loci fratribus domum illam alicui ecclesiæ vel personæ donare, aut subjicere aliquâ temeritate præsumat, neve hanc constitutionem Dei et nostram immutare præsumat. (Cartulaire de Longuay, fol. 91.)

N° 3.

Charte de Godefroi de Rochetaillée, évêque de Langres, approuvant l'affiliation de la maison de Longuay à l'Ordre cistercien.

In nomine sanctæ et individuæ Trinitatis. Ego Godefridus, Lingonensis episcopus. Quantò cor nostrum amaritudine doloris afficitur si in locis sanctis ac Deo dicatis vigorem sanctæ conversationis annullari videamus, tantò correctio eorum quæ perperam committuntur et sancti ordinis reformatio copiosiorem menti parit lætitiam. Ea propter religionis statum, quem jampridem in domo Longivadi prope modum deperiisse cognovimus resarcitum, et præcepto piissimi Patris nostri Eugenii summi pontificis reformatum esse laudamus, et approbamus, et eamdem domum Ordini cisterciensi confirmamus.

Sed quia domus eadem eleemosynis et munificâ largitione fidelium tam nostris quam præedecessorum nostrorum temporibus fundata fuisse dignoscitur, ne quis eadem beneficia rescindere, vel infirmare præsumat prohibemus. (Cartulaire de Longuay, fol. 88.)

N° 4.

Distiques des boiseries de la chapelle de M. l'abbé Dauvet des Marets.

CÔTÉ DE L'ÉPÎTRE.

On voit d'abord sur les panneaux supérieurs une peinture représentant la Sainte Vierge, puis un portrait de saint François de Sales ; et sur les panneaux inférieurs, deux peintures dont le sujet n'est point indiqué. Viennent ensuite les sujets expliqués par les légendes versifiées que nous rapportons ici.

1.

Wendelinus erat scotorum e sanguine regum
Et sanguis regum sponte regebat oves.
Post homines rexit quos sancta tenebat Eremus,
Urbis quoque nunc hujus nomine dicta manet.

2.

Veste indutâ rudi parvum.....
  Incolit, et degit virgine cum sociâ.
Affatu angelico fruitur, mortem.....
  Et claudis miro subvenit auxilio.

3.

Augustæ in Suevis ortus Galeardus, in urbe
  Veronâ phaleris arte tegebat equos.
Sylva magis placuit, corpusque urgere catenis :
  Præteriens vetuit cymba latere diu.

4.

Magdalena, soror divæ charissima Marthæ,
  Fastum, delicias luxuriemque cavet.
Angelico gaudet deserta per avia cœtu
  Et sacrum attentâ percipit aure melos.

5.

Venit in Italiam Senonum Theobaldus ab oris
  Et Vicetinis incola mansit agris.
Mente super stellas atriis habitabat in amplis :
  Sic docuit multos; sylvaque ludus erat.

6.

Quæ sexagenis ad ripam fluminis annis
  Sara senex vitæ tempora longa trahit,
Vasto in secessu, Domini meditatur Iesu,
  Cum gemitu et lacrymis, vulnera, flagra, crucem.

7.

Templum annis lapsum vult instaurare Robertus
  Et reperit socios; sola sed arma sciunt.
Suadet opus, parent illi : Ducis ecce sacerdos
  Atque sacerdotis munera miles obit.

8.

Thaïda lascivam Pannutius arguit abbas,
   Et monet immundum linquere prostibulum.
Illa tribus cellæ claustro se continet annis ;
   Mortua nunc vivit conciliata Deo.

9.

Mittebat socium certos Liphardus in usus,
   Liphardus frater cui Leonardus erat.
Ecce sequens juvenem baculo sese implicat anguis ;
   At sibi dimidium cernit abesse suum.

10.

Occlusis foribus se cellæ includit Amata
   Dum procul à turbis vivere sola cupit,
Duriter hic octo vitam trahit abdita lustris.
   Post moritur miris extenuata modis.

CÔTÉ DE L'ÉVANGILE.

On y voit d'abord une peinture représentant Notre Seigneur Jésus-Christ, puis un portrait de saint Charles Borromée. Dans les panneaux inférieurs se trouvent des sujets que rien n'explique. Viennent ensuite les tableaux interprétés.

1.

Incestum renuens cum patre admittere Dympna
   Gerberni ducta devia rura petit.
Immeritum mulctat Gerbernum morte satelles ;
   Virginis ipse caput demittit ense pater.

2.

. . . . despexit Simmacus. . . . .
Et tamen in silvis commoda parva capit.
Rusticus hæc dabat vitio; at Simmacus illi :
Respice qualis eras, respice qualis eris.

3.

Hic Maria Ægypti nigra œstu atque horrida cultu
A Zozimo occultis vivere visa locis,
Exhalat, Christi gustato corpore, vitam ;
Atque sepulta cubat quam leo fodit humo.

4.

Landelinus hic est : Cameraci natus ad urbem
Vir prece, doctrinâ, virque labore potens.
Doctrinâ instituit multos, ædemque labore
Condidit; arte precum rupibus hausit aquas.

5.

Euphrosyna in cœtum monachorum virgo recepta,
Mutato sexum nomine dissimulans,
Sponte inclusa casæ vitam sola egit, et antè
Credita vir, mulier mortua visa fuit.

6.

Cæsaris hic jussu reparabat Ariminum; et inter
Has operas Christo jura, Marine, dabas;
Inde hostem metuens fidei, successit Eremo.
Nunc summo artifici ponere templa parat.

7.

Ægris, orba viro, postquam subvenit Iveti,
Leprosis medicas adhibuitque manus.
Se gurgustiolo (?) secretum inclusit agresti
In Domino tutam nacta Deo requiem.

8.

Ecce manus ambas exercet Lucius : una
  Tractat opus ; stipem porrigit una viro.
Dextra laborando insistit ; dat lœva laboris
  Fructum inopi : palmas vere habet iste duas.

9.

Nephalia idoei cum decrepita incola montis
  Œvi jam finem sentit adesse sui,
Gnossum urbem, natale solum lentopede tendit.
  Hic vivit paucos emaciata dies.

10.

Dorothœi longos vidisti, Phœbe, labores ;
  Dorothœi assiduum Cymbia videt opus.
Saxa die gestans, peregrinis tecta locabat ;
  Nocturnus palmas texere somnus erat.

Nº 5.

Ayant exposé le détail de la vie du cloître cistercien, et dit quelques mots des travaux extérieurs auxquels la règle astreignait les religieux, j'ai cru qu'il serait bon de donner ici quelques explications touchant diverses parties et dépendances de toute maison conventuelle, à savoir : le Chapitre, la Bibliothèque, le Parloir, le Réfectoire, avec son mobilier, la Cuisine, le Cellier, le Chauffoir, le Dortoir, l'Infirmerie, la Salle des morts, le Cimetière, et enfin les Jardins de l'abbaye et le Four banal.

§ Ier. — Chapitre.

Il y avait dans le cloître des monastères une salle de réunion où les moines s'assemblaient pour délibérer sur leurs affaires ; on la nommait *Conventus* ou *Capitulum*. « La salle du Chapitre, dit Ducange, était toujours située à l'orient du cloître, » soit qu'elle occupât le milieu de la galerie, ce qui était le plus ordinaire ; soit qu'elle s'élevât auprès de l'abside ou du transsept. La partie de la galerie orientale située devant le Chapitre se nommait Avant-Chapitre, *Ante-Capitulum* ; elle était libre de toute construction accessoire ou mobilier qui pût gêner la circulation.

Le plan du Chapitre était ordinairement carré, ou en parallélogramme peu allongé, afin que de toutes les places on pût facilement se faire entendre.

Au treizième siècle, les dispositions indiquées plus haut varièrent peu : les différences qui furent introduites, le furent pour l'architecture. Au quatorzième et au quinzième siècle, on ajouta quelquefois à l'orient une chapelle pour les prières qui se faisaient avant et après les réunions chapitrales.

§ II. — Bibliothèque.

Si l'on étudie les basiliques latines des premiers siècles, on remarquera que la petite abside située à l'extrémité de la nef latérale du nord était destinée à renfermer les livres et les diplômes. Cet usage est conservé encore de nos jours dans quelques églises de la Grèce et de l'Asie-Mineure. Telle fut l'origine des bibliothèques dans les monastères.

Dès les premiers siècles de la monarchie, les livres se répandirent au point qu'il fallait déjà des bibliothèques dans les monastères. L'établissement des écoles dans les abbayes, leur généralisation, exigée par Charlemagne, durent contribuer aussi à multiplier les manuscrits. Ce prince avait fait établir de nombreuses bibliothèques : chaque monastère eut la sienne ; et personne n'ignore de quels services les lettres sont redevables aux maisons religieuses. Combien de chefs-d'œuvre, qui font aujourd'hui les délices des intelligences cultivées, leur doivent d'avoir échappé à une totale destruction au milieu des guerres et des ténèbres du moyen-âge !

Cependant ce n'est guère que pour les bibliothèques du quinzième siècle que l'on trouve des descriptions, des dessins, des monuments qui puissent donner une idée de la manière dont elles étaient construites et décorées. — La Bibliothèque était confiée à la garde du grand-chantre, *Bibliotheca erit sub cantoris custodiâ*. A la Septuagésime, on faisait l'inventaire de tous les livres.

§ III. — Parloir. (*Locutorium ; Auditorium.*)

Il y avait, selon Ducange, trois espèces de parloirs chez les religieux cisterciens : l'un était destiné aux conversations des moines entre eux ; le second à recevoir les visiteurs. Le troisième était une salle située auprès de l'église, et disposée pour la confession.

Les parloirs étaient quelquefois construits avec beaucoup de luxe. C'est ainsi que l'abbé Gérard, en 1273, en fit établir un à l'abbaye de Saint-Germain-des-Prés, qui existe encore, et qui avait 33 pieds et demi de longueur, sur 29 de largeur. Une colonne d'une seule pièce placée au milieu, haute de 13 pieds, y compris le piédestal, et de 13 pouces de diamètre supporte la voûte. Le pavé est une mosaïque composée de carreaux en terre cuite vernissée de diverses couleurs et formant des dessins très-variés. Ce parloir a été converti en ateliers et magasins.

§ IV. — Réfectoire.

Le réfectoire était une vaste salle dans laquelle les religieux se réunissaient pour prendre leurs repas. Il donnait, par son importance, les moyens de produire de grands effets d'architecture : aussi, après l'église, offrait-il la plus belle construction du monastère. On le plaçait toujours sur une des faces du cloître, et généralement en opposition avec l'église, afin d'en éloigner l'odeur des cuisines qui devait l'accompagner. La décoration intérieure des réfectoires offrit de bonne heure beaucoup de luxe : la peinture et la sculpture ornèrent à l'envi cette partie du monastère, l'enrichissant de souvenirs et de symboles. Qui n'a entendu parler, par exemple, du célèbre tableau de la Cène, que peignit Léonard de Vinci, et qui occupait tout le mur extrême du réfectoire de saint Dominique, à Milan.

Quelques monastères avaient encore le réfectoire

du colloque, où il était permis de parler, et le réfectoire dit « de Miséricorde. » Ce réfectoire était une salle contenant des tables et un dressoir, dans laquelle il était permis de manger de la chair.

Les religieux avaient soin tour à tour du réfectoire, et veillaient au service journalier.

La règle de saint Benoît imposant la lecture pendant les repas des moines : *mensæ fratrum edentium lectio deesse non debet*, on avait établi dans le réfectoire une tribune de lecture. Cette tribune était placée vis-à-vis la porte d'entrée, au milieu d'une des grandes faces. De là, le lecteur pouvait être entendu de toutes les parties de la salle ; d'autant mieux qu'on choisissait parmi les moines ceux qui, par leur belle voix, pouvaient fixer l'attention des Frères.

La distribution des tables et des siéges dans les réfectoires, demandait à être faite d'une manière commode et qui, principalement dans les abbayes nombreuses, permît de placer tout le monde sans confusion et suivant les grades de chacun. L'abbé avait une table séparée, placée ordinairement vers une extrémité de la salle ; les hôtes de qualité dînaient auprès de lui. Son siège, porté par une estrade, était surmonté d'un dais construit avec le siége lui-même, ou formant un baldaquin appuyé contre le mur. Devant ce dais on plaçait, pendant trois jours de suite, les portions de nourriture des moines morts, pour être distribuées aux pauvres. Auprès du siége de l'abbé était un timbre, pour indiquer le moment de la prière. Le timbre était nommé cymbale.

Les tables des religieux faisaient, quand il y avait

nécessité, le tour du réfectoire. Les bancs, appuyés contre les murs, y étaient ordinairement fixés pour éviter le désordre. Derrière ces bancs, un lambris en menuiserie permettait de s'appuyer contre le mur sans qu'on pût souffrir du froid au contact de la pierre. Un religieux avait la surveillance du service de la table dont il était le maître. Le chambrier fournissait les nappes.

§ V. – Cuisine.

Les cuisines des maisons religieuses, placées auprès des réfectoires, étaient des constructions d'une certaine importance et d'une disposition particulière. Elles étaient construites sans bois, et par conséquent toujours voûtées. La cuisine de l'abbaye existe encore aujourd'hui telle qu'elle a été construite par les soins des religieux.

Un cuisinier devait s'occuper du dîner des religieux; il avait la surveillance des boucheries et des pêcheries qui dépendaient du monastère. Le cuisinier avait sous ses ordres un amiral, ou inspecteur des pêcheries et des chasses, pour faire respecter les droits de l'abbaye sur les rivières et dans les garennes; faisait faucher les prés, curer les ruisseaux et les canaux. Le religieux qui surveillait la cuisine, — et chacun d'eux, excepté généralement le cellérier, avait cette fonction à tour de rôle, — s'appelait « semainier de cuisine, » *hebdomadarius coquinæ*.

§ VI. — Cellier.

Les celliers ou magasins de provisions de toute espèce étaient généralement situés sur l'une des faces du cloître. Ils s'étendaient sur toute sa longueur et comprenaient quelquefois plusieurs étages. On voit encore à Longuay une de ces remarquables constructions.

§ VII. — Chauffoir.

Le chauffoir des monastères était une grande salle chauffée, située sur une des faces du cloître et dans laquelle, durant la mauvaise saison, les religieux passaient le temps qu'ils ne consacraient pas aux prières du chœur. L'abbé et les officiers du monastère pouvaient avoir des feux particuliers. On tenait quelquefois le Chapitre dans le chauffoir : la discipline y était suspendue au-dessus de la cheminée.

§ VIII. — Dortoir.

Suivant la règle de saint Benoît, les moines devaient coucher dans une même salle et sur des lits séparés. L'extrémité du dortoir s'appuyait, selon l'usage à peu près général, contre le chœur de l'église, les moines devant se lever la nuit à certaines fêtes, et tous les jours de grand matin pour aller chanter Matines.

Dans les plus anciens monastères, l'abbé couchait dans le dortoir : son lit était placé au milieu contre le mur. Auprès de lui était un timbre ou une cloche pour éveiller les religieux.

Malgré les anciennes règles qui voulaient que les moines n'eussent pas de chambres séparées, dans un grand nombre de monastères plus modernes, le dortoir fut divisé en cellules. Ces cellules furent primitivement construites en treillis très-serré, remplacé plus tard par des cloisons hourdées. Cette disposition nouvelle offrit sur les dortoirs communs de grands avantages pour le silence, la retraite et la lecture.

Le chambrier, *Camerarius*, avait soin de la literie des moines et en général de tout le mobilier du monastère.

Les moines montaient dans le jour au dortoir pour faire la méridienne, et pour changer de chaussures avant et après les prières. Ils couchaient tout vêtus : *Vestiti dormiant*, dit la règle de saint Bernard.

§ IX. — Infirmerie.

La règle de saint Benoît prescrit l'établissement d'une salle à part pour les malades. Cette salle était construite comme un dortoir. Les Cisterciens, qui, plus que d'autres religieux, furent rigoureux observateurs des anciennes règles, ne construisirent pas autrement leurs infirmeries.

§ X. — Salle des morts.

Auprès de l'infirmerie ou du Chapitre des monastères était la chapelle des morts. C'était une salle consacrée à recevoir les religieux lorsqu'ils avaient cessé de vivre, dans laquelle on transportait le défunt aussitôt après le décès, comme cela se pratique dans les hôpitaux, pour ne pas le laisser au milieu des frères malades. Là on lavait le mort avant de le mettre dans le linceul ou dans les habits monastiques, avec lesquels, comme nous l'avons dit, on devait l'enterrer : de cette salle on le portait au chœur pour le service funèbre.

Il y avait dans la salle des morts ou dans le voisinage un *Lavatorium*, ou bassin allongé dans lequel on lavait le religieux. Cependant le *Lavatorium* n'était pas toujours un meuble spécial pour cet usage, et la fontaine du cloître, ou *Lavabo*, le remplaçait souvent. Dans ce cas, tous les religieux se groupaient autour dans le même ordre qu'au chœur, pour réciter les prières pendant l'opération. En cas d'épidémie on ne lavait point les corps, dans la crainte de communiquer la maladie ; on les portait immédiatement au cimetière.

§ XI. — Cimetière.

L'inhumation se faisait sur plusieurs points de la maison religieuse, et, selon que le défunt était abbé, dignitaire, ou simple moine, on l'enterrait dans le chœur, dans les nefs, sous les galeries du cloître, ou dans le cimetière commun. Cette dernière partie du monastère nous occupe seule ici.

En occident les cimetières étaient généralement placés dans l'enceinte de la maison, mais la place qu'ils occupèrent a été très-variable. Ils furent sans doute établis d'abord dans l'*atrium* ou parvis de l'église abbatiale ; puis éloignés ou rapprochés de l'habitation ordinaire des religieux, selon que la règle intérieure était plus ou moins sévère. Ainsi, chez les Cisterciens, on les établissait dans le préau du cloître, et par conséquent au centre même de la circulation : dans ce cas, on peut rencontrer des inscriptions funéraires gravées sur les façades des portiques ou sur les contre-forts qui les soutenaient vers le préau.

En dehors des lieux réguliers, la place des cimetières paraît avoir été indifférente, et déterminée plutôt par la nature du sol ou son étendue que par toute autre cause.

§ XII. — Jardins.

Il y avait dans les abbayes trois sortes de jardins : le jardin des plantes médicinales, le jardin des plantes potagères, et les jardins fruitiers.

Dans le jardin des plantes médicinales les moines cultivaient en général les plantes nécessaires à leurs besoins : le lis blanc, *lilium ;* la sauge, *salvia* ; la lunaire ; la rose commune, *rosa ;* le fenouil, *feniculum :* la menthe, *menta ;* le romarin, *rosmarino ;* le foin grec ; le sainfoin ; la sarriette, *sataregia ;* la rue, *ruta* ; le glaïeul, *gladiola* ; le pouillot, *pulegium*, et le haricot.

Comme la règle voulait que les religieux vécussent de légumes et de fruits cultivés de leurs mains, les jardins potagers et fruitiers étaient donc très-importants et compris dans l'enclos du monastère. Le système de culture adopté dans l'antiquité fut sans doute celui que les premiers moines pratiquèrent; ils durent suivre aussi les anciennes dispositions pour leur jardins. Lorsque, par une incessante activité, ils eurent établi la culture dans une partie de l'Europe, malgré les fréquentes invasions des Barbares et les troubles politiques, ils firent de nombreuses observations sur les moyens d'améliorer le sol ainsi que les végétaux et les fruits. Personne n'ignore les immenses services que les religieux ont rendus et rendent encore de nos jours à l'agriculture.

Les Cisterciens surtout, qui avaient une mission essentiellement agricole, se signalèrent en ce point, selon que la règle leur en traçait le devoir. « Lorsque saint Robert descendit de Molême à Citeaux, dit M. Dubois, suivi de ses pieux compagnons, ce fut avec la ferme résolution d'observer la règle de saint Benoît dans toute sa sévérité. Or, d'après cette règle, le moine doit vivre du travail de ses mains et se suffire à lui-même. Les premiers Cisterciens se mirent à réfléchir par quelle profession, par quelle industrie ils pourraient se procurer le pain quotidien, donner l'aumône aux indigents et l'hospitalité aux étrangers, que la règle bénédictine ordonne de recevoir comme si c'était Jésus-Christ lui-même.

Il y avait alors, bien plus encore qu'aujourd'hui,

un état méprisé, avili par les préjugés de l'époque, renvoyé aux pauvres manants comme la géhenne de la terre, et réservé comme une ignominie de plus jetée sur leur fronts flétris. Eh bien ! ce sera cette profession la plus humiliée qu'ils choisiront de préférence ! Ils vont se faire agriculteurs, descendre dans le sillon, tantôt laissant le psautier pour la bêche, tantôt la bêche pour le psautier : moines et laboureurs, hommes de travail et de prière, anges du ciel sur la terre. »

On cultivait en général dans les jardins potagers des maisons religieuses : l'oignon, *allium cœpa*; le poireau, *allium porum*; le céleri, *apium graveolum*; la coriande, *coriandrum sativum*; le pavot, *papaver somniferum*; la rave, *raphanus sativus*; la carotte, *dancus carota*; la poirée, *beta cicla*; l'ail, *allium sativum*; l'échalotte, *allium ascalonicum*; le persil, *apium petrosolium*; le cerfeuil, *scandix cerefolium*; la laitue, *lactuca sativa*; le panet, *partinaca sativa*; le chou, *brassica oleracea*, etc, etc. Outre les jardins enfermés dans l'enclos, on en établissait d'autres aux environs.

Le religieux courtillier, *curticularius*, devait fournir au monastère les plantes potagères et en surveiller la culture.

Jardins fruitiers, *viridaria, fructeta*. Les améliorations apportées par les moines dans la culture des plantes utiles durent s'étendre à celle des arbres fruitiers. La longue pratique, en effet, leur apprit à connaître les diverses expositions favorables aux nombreuses espèces qu'ils multipliaient, ainsi que les moyens d'améliorer les fruits par la greffes. On

12.

sait qu'ils récoltaient les plus beaux produits dans tous les genres.

§ XII. — Four banal.

Les religieux possédaient ordinairement en dehors de l'abbaye un four banal d'une grande dimension, où les habitants qui dépendaient de leur juridiction, faisaient cuire leur pain, moyennant rétribution. Pour éviter qu'on pût s'y soustraire, ils ne permettaient dans les maisons particulières de leurs serfs qu' « un petit fourneau d'une aune de tour pour cuire des tartes, des flans et autres menues pâtisseries [1]. » On a pu remarquer dans le courant de cet écrit, que les religieux de Longuay possédaient de ces fours à Aubepierre et à Lignerolles.

1. Collection de documents inédits sur l'Histoire de France.

N° 6.

Liste chronologique des Abbés de Notre-Dame de Longuay.

Première Période.

Chrétien, prieur des Chanoines-Réguliers.... 1102—1149

Deuxième Période.

PÉRIODE DES ABBÉS RÉGULIERS.

Gui Ier, premier abbé cistercien............		1149—1163
Évrard Ier, deuxième —	....	1163
Raoul Ier, troisième —	....	1163—1190
Arnaud, quatrième —	....	1190—1215
Huon, cinquième —	....	1215—1218
Gauthier, sixième —	....	1218—1222
Évrard II, septième —	....	1222—1243
Barthélemi, huitième —	....	1243—1246
Thierry Ier, neuvième —	....	1246—1280
Robert, dixième —	....	1280—1287
Raoul II, onzième —	....	1287—1295
Pierre Ier, douzième —	....	1295—1300
Parisis, treizième —	....	1300—1315
Gui II, quatorzième —	....	1315—1323
Michel, quinzième —	....	1323—1344
Jacques, seizième —	....	1344—1370
Jean Ier, dix-septième —	....	1370—1380
Évrard III, dix-huitième —	....	1380—1399
Jean II, dix-neuvième —	....	1399—1416
Simon, vingtième —	....	1416—1437
Pierre II, vingt-unième —	....	1437—1463
Guillaume, vingt-deuxième —	....	1463—1505
Bernard, vingt-troisième —	....	1505—1530
Administration du prieur Simon d'Arc.......		1530—1532

Troisième Période.

PÉRIODE DES ABBÉS COMMENDATAIRES

I. Jean Damoncourt de Piépape, évêque de Poitiers	1532—1551
II. François Ier	1551—1552
III. Claude Ier, cardinal de Givry, évêque de Langres	1552—1561
IV. Claude II, de Beaufremont, évêque de Troyes	1561—1593
V. Nicolas Bruslart de Sillery, chancelier de France	1593—1618
VI. François II, Dauvet des Marets	1618—1695
VII. Bernard Louis de la Villeneuve	1695—1714
VIII. Charles-Louis de Caqueray	1714—1749
IX. Geoffroi-Dominique-Charles de Bragelongne	1749—1764
X. André de Plan de Beaumelle	1764—1790

FIN DE L'APPENDICE.

TABLE

Avant-propos . . . .   vij

CHAPITRE PREMIER.

Description et situation de Longuay. -- Arrivée de Chrétien et de ses neveux. -- Patrie de nos héros. -- Consécration à la Sainte Vierge. -- Le premier bienfaiteur de Longuay. -- Donations diverses. -- Une espérance naissante   1

CHAPITRE II.

Willenc, évêque de Langres. -- Demande de nos hospitaliers. -- On croit devoir dire quelques mots sur les chanoines-réguliers. -- Lettre de Willenc. -- Femmes à Longuay. -- L'abbé de Cluny et l'abbé de Clairvaux. -- Suite des donations.   21

CHAPITRE III.

Deux personnages du douzième siècle. — Pressentiment d'une transformation nouvelle. -- Donations diverses. -- Le pape Eugène III. -- Action combinée de saint Bernard et de l'évêque de Langres. -- Lettre de celui-ci. -- Mort de Chrétien   39

CHAPITRE IV.

Gui Ier, premier abbé cistercien. -- Nouvelles donations : encore la Lucine. -- Créancey et Cour-l'Évêque. -- Retraite de Godefroi, évêque de Langres. -- Mort de Gui. -- On raconte comment se fit l'élection de son successeur. -- Mort du deuxième abbé. -- Raoul, troisième abbé. -- Donations   55

CHAPITRE V.

Suite du gouvernement de Raoul. -- Voyage de saint Pierre de Tarentaise en France. -- Le prélat passe à Longuay. -- On n'a pas oublié saint Bernard. -- Cérémonies. -- Miracles. -- Donations nouvelles. -- Retraite de Raoul. 68

CHAPITRE VI.

Arnaud succède à Raoul dans la charge abbatiale. — Une charte de Garnier, évêque de Langres. — Donations diverses. Pierre de Courtenay, comte de Nevers. — Concessions et donations. — Chartes confirmatives. — Une maison à Bar-sur-Aube. — Concessions et échanges. — On répare l'église de Longuay ; attestation du sire de Nogent. — Le comte de Champagne, défenseur de notre abbaye. — Accords divers ; donations. — L'ancien évêque de Langres et l'abbé de Clairvaux jugent un différend entre l'évêque de Langres et nos Frères. — Charte de l'évêque d'Auxerre. — Résumé. — Nous sommes aux beaux temps de l'abbaye. — Nous allons étudier la vie intérieure des religieux 79

CHAPITRE VII.

Connaître un homme ce n'est pas en connaître uniquement les traits. -- On applique cette comparaison aux instituts religieux, et l'on recherche leur principe vital. -- La Foi, nerf de la vie claustrale. -- Prix et distribution du temps. -- Le dortoir. -- L'office de la nuit. -- Ravissantes harmonies. -- Les Laudes. -- Chapitre et coulpe. -- Une leçon à recueillir. -- Tierce ; la messe. -- Paix et communion. -- Sexte ; le dîner. -- Promenade au cloître. -- None. -- Le travail aux champs. -- Complies ; le coucher. -- Particularités : soin des malades ; respect des morts. 95

CHAPITRE VIII.

Le successeur de l'abbé Arnaud. -- Échanges à Bar-sur-Aube. Contrariétés. -- Mort de l'abbé Hugues. -- Élection de Gauthier. -- Nouvelles contrariétés. -- Accommodement avec les chevaliers de Gurgy. -- Évrard II, septième abbé de Longuay. -- Donations. -- Révision de titres, en 1230. -- Luttes diverses. -- Donations. -- Mort d'Évrard II. 110

CHAPITRE IX.

Barthélemi, abbé de Longuay. -- Aumône. -- Contestations. -- Donations. -- Thierry, successeur de Barthélemi. -- Donations et ratifications. -- Pacifications. -- Aumônes. -- Seigneurie de Lignerolles et des Goules. -- Querelle à propos de la dîme de Latrecey. -- Mort de Thierry. -- La dernière charte.................................. 131

CHAPITRE X.

Robert, dixième abbé de Longuay. -- Acquisitions à Lignerolles. -- Échange. -- Mort de Robert. -- Raoul II, onzième abbé. -- Affaire avec l'évêque de Langres. -- Pierre Ier, abbé de Longuay, prête serment à l'évêque de Langres. -- Abbatiat de Parisis. -- Opérations à Dancevoir et aux Goules. -- Concile de Vienne. -- Gui II, quatorzième abbé. -- Accord pieux avec Lugny. -- Mort de Gui. -- Michel, abbé de Longuay. -- Sa mort en 1344. -- Jacques, abbé : les Goules, Lignerolles, Aubepierre. -- Mort de Jacques. -- Jean Ier, dix-septième abbé. -- Sa démission. -- Élection d'Évrard III. -- Sa mort en 1399. -- Jean II, dix-neuvième abbé. -- Sa mort aux calendes de juin......... 150

CHAPITRE XI.

Simon, vingtième abbé. -- Désastres. -- Mort de Simon. -- Abbatiat de Pierre II. -- Lignerolles ; Dancevoir ; Aubepierre. -- Mort de Pierre II. -- Guillaume de Châlons, vingt-deuxième abbé. -- Lignerolles ; Dancevoir ; Aubepierre, etc. -- Mort de Guillaume. -- Bernard, vingt-troisième et dernier abbé cistercien. -- Le prieur Simon. -- Nouvelle destinée........................... 171

CHAPITRE XII.

Quelques mots sur la Commende et les abbés commendataires. -- Droit et fait. -- L'opinion d'Arnauld. -- Résumé. -- On reprend la suite du récit. -- Jean Damoncourt, premier abbé commendataire. -- Mémoire d'un vénérable prêtre. -- Actes divers. -- La chapelle du cloître, à Saint-Mammès. -- M. Damoncourt est nommé évêque de Poitiers. -- Il se démet de l'abbaye de Longuay. -- François Ier, deuxième abbé. -- Claude Ier, troisième abbé commendataire. -- Abrégé biographique. -- Claude II, de Beaufremont, évêque de Troyes, quatrième abbé commendataire. -- Actes divers. -- La forêt des Trois-cents-Arpents. -- Procès. -- Mort de Claude II 193

CHAPITRE XIII.

On signale un inconvénient de la commende. -- Nicolas Bruslart, cinquième abbé. -- Notes biographiques. -- Violences. -- Suite de la biographie de M. de Sillery. -- L'abbé François Dauvet des Marets. -- Actes divers. -- Une journée du voyage cistercien de Dom Méglinger. -- Partage des biens. -- Construction de l'abbatiale. -- Décoration de la chapelle de M. l'abbé. -- Mort de François II. -- Abbatiat de Bernard-Louis de la Villeneuve. -- Souffrances des religieux. -- Vols. -- Mort de M. de la Villeneuve 215

CHAPITRE XIV.

Abbatiat de M. de Caqueray. -- Le fidèle économe. -- Réparations à l'église. -- Communauté de Longuay. -- M. de Bragelongne, neuvième abbé. -- Sa mort en 1764. -- M. de Plan de Beaumelle, dixième et dernier abbé de Longuay. -- Réparations à Longuay. -- Procès. -- Convocation des États généraux en 1789. -- Mission du prieur de Longuay. -- Décret fatal. -- Travail de décomposition. -- Paix aux morts! 234

Appendice. 251

FIN DE LA TABLE.

Mirecourt. -- Typ. Costet & Cie.

EN VENTE A LA MÊME LIBRAIRIE

PUBLICATIONS NOUVELLES

L'Évangile pour la Jeunesse, par l'abbé LE NOIR, illustré par par G. STAAL (24 grandes compositions), et enrichi de dix cartes spéciales de la terre sainte et de Jérusalem. 1 magnifique vol. grand in-8° jésus. 15 fr.

Le But de la Vie, Sermons prêchés à la chapelle des Tuileries en présence de LL. MM. l'Empereur et l'Impératrice, l'an de grâce 1867, par l'abbé BAUER. 1 vol. in-8°.

Imitation de Jésus-Christ, traduction nouvelle avec des réflexions à la fin de chaque chapitre, par M. l'abbé F. DE LAMENNAIS. 1 très-beau vol. grand in-8° jésus, imprimé par M. Claye, illustré de quatre magnifiques gravures, papier vélin glacé. 12 fr.

L'Avent, d'après les Évangiles; méditations par l'abbé JULES-THÉODOSE LOYSON. 1 joli vol. in-32 jésus. 2 fr.

Du Bonheur dans le Devoir, par H. ROUX-FERRAND. 1 vol. in-18 jésus. 1 fr.

Une Sœur de Fabiola, par l'abbé L. A., ancien vicaire général, 1 beau vol. in-18 jésus, de plus de 400 pages, 4e édition. 3 fr.

Les Illustres Voyageurs, par RICHARD CORTAMBERT. 1 vol. in-18 jésus, orné de portraits. 3 fr.

Les Fêtes légendaires, par AMÉDÉE DE PONTHIEU, rédacteur à l'*International*, à la *Revue illustrée*, etc. 1 vol. in-18 jésus. 3 fr.

La Jeunesse du Doyen, par LOUIS JOUBERT. 1 beau vol. in-18 jésus. 3 fr.

Notre-Dame de Roc Amadour, par VICTOR ALAYRAC. 2 beaux vol. in-18 jésus. 6 fr.

Catéchisme philosophique à l'usage des Gens du monde et des Catéchismes de Persévérance, par M. l'abbé MARTIN DE NOIRLIEU. 1 fort vol. in-18 jésus, 2e édition. 3 fr.

Un Sergent de la Vieille Garde dans son village, ou *Ma Religion c'est d'être un honnête homme*, par le même. 2e édition. 1 vol. grand in-32. 35 c.

Aux Ouvriers et à beaucoup d'autres, *Dévouement et Vérité*, par le même. 1 vol.

Le Petit Livre pour tous, par le même. 1 vol. in-18. 50 c.

Mirecourt. — Typ. Costet & Cie

www.ingramcontent.com/pod-product-compliance
Lightning Source LLC
Chambersburg PA
CBHW070533160426
43199CB00014B/2251